国家智库报告 2018（26）
National Think Tank
新时代中非友好合作

# 中非减贫合作与经验分享

安春英 著

CHINA-AFRICA POVERTY REDUCTION COOPERATION AND EXPERIENCE SHARING

中国社会科学出版社

**图书在版编目（CIP）数据**

中非减贫合作与经验分享 / 安春英著．—北京：中国社会科学出版社，2018.8

（国家智库报告）

ISBN 978－7－5203－2991－0

Ⅰ．①中…　Ⅱ．①安…　Ⅲ．①扶贫—国际合作—研究—中国、非洲　Ⅳ．①F125.4②F140.54

中国版本图书馆 CIP 数据核字（2018）第 186173 号

出 版 人　赵剑英
项目统筹　王　茵
责任编辑　喻　苗
特约编辑　安　芳
责任校对　闫　萃
责任印制　李寡寡

出　　版　中国社会科学出版社
社　　址　北京鼓楼西大街甲 158 号
邮　　编　100720
网　　址　http://www.csspw.cn
发 行 部　010－84083685
门 市 部　010－84029450
经　　销　新华书店及其他书店

印刷装订　北京君升印刷有限公司
版　　次　2018 年 8 月第 1 版
印　　次　2018 年 8 月第 1 次印刷

开　　本　787×1092　1/16
印　　张　10.75
字　　数　111 千字
定　　价　49.00 元

# 充分发挥智库作用
# 助力中非友好合作

当今世界正处于大发展、大变革、大调整时期。世界多极化、经济全球化、社会信息化、文化多样化深入发展，和平、发展、合作、共赢成为人类社会共同的诉求，构建人类命运共同体成为各国人民共同的愿望。与此同时，大国博弈激烈，地区冲突不断，恐怖主义难除，发展失衡严重，气候变化凸显，单边主义和保护主义抬头，人类面临许多共同挑战。中国是世界上最大的发展中国家，人类和平与发展事业的建设者、贡献者和维护者。2017 年 10 月中共十九大胜利召开，引领中国发展踏上新的伟大征程。在习近平新时代中国特色社会主义思想指引下，中国人民正在为实现“两个一百年”奋斗目标和中华民族伟大复兴的“中国梦”而奋发努力。非洲是发展中国家最集中的大陆，是维护世界和平、促进全球发展的重要力量之一。近年来非洲在自主可持续发展、联合自强道路上取得了可喜进展，从西方人眼中“没有希望的大陆”变成了“充满希望的大陆”，成为“奔跑的雄狮”。非洲各国正在积极探索适合自身国情的发展道路，非洲人民正在为实现“2063年议程”与和平繁荣的“非洲梦”而努力奋斗。

中国与非洲传统友谊源远流长，中非历来是命运共同体。中国高度重视发展中非关系，2013年3月习近平主席担任国家主席后首次出访就选择了非洲；2018年7月习近平主席连任国家主席后首次出访仍然选择了非洲；5年间，习近平主席先后4次踏上非洲大陆，访问坦桑尼亚、南非、塞内加尔等8国，向世界表明中国对中非传统友谊倍加珍惜，对非洲和中非关系高度重视。2018年是中非关系的“大年”，继习近平主席访问非洲之后，中非合作论坛北京峰会将于9月召开，这是中非合作论坛史上的第三次峰会。中非人民对此充满热情和期待，国际社会予以高度关注。此次峰会必将进一步深化中非全面战略合作伙伴关系，推动构建更为紧密的中非命运共同体，成为中非关系发展史上又一具有里程碑意义的盛会。

随着中非合作蓬勃发展，国际社会对中非关系的关注度不断加大，出于对中国在非洲影响力不断上升的担忧，西方国家不时泛起一些肆意抹黑、诋毁中非关系的奇谈怪论，诸如“新殖民主义论”“资源掠夺论”“债务陷阱论”等，给中非关系发展带来一定程度的干扰。在此背景下，学术界加强对非洲和中非关系的研究，及时推出相关研究成果，讲述中国在非洲的真实故事，展示中非务实合作的丰硕成果，客观积极地反映中非关系，向世界发出中国声音，显得日益紧迫重要。

中国社会科学院以习近平新时代中国特色社会主义思想为指导，按照习近平总书记的要求，努力建设马克思主义理论阵地，发挥为党和国家决策服务的思想库作用，努力为构建中国特色哲学社会科学学科体系、学术体系、话语体系作出新的更大贡献，不断增强我国哲学社会科学的国际影响力。我院西亚非洲研究所是根据当年毛泽东主席批示成立的区域性研究机构，长期致力于非洲问题和中非关系研究，基础研究和应用研究并重，出版发表了大量相关著作和论文，在国内外的影响力不断扩大。

为了服务国家外交大局，配合即将召开的中非合作论坛北京峰会，西亚非洲研究所与国际合作局共同组织编写了《新时代中非友好合作智库报告》。这是一套系列智库报告，包括一个主报告和八个分报告。主报告《新时代中非友好合作：新成就、新机遇、新愿景》总结了党的十八大以来，中非双方通过共同努力，在政治、经贸、人文、和平安全等合作领域取得的伟大成就，分析了中国特色社会主义进入新时代为非洲发展和中非合作带来的新机遇，展望了未来中非友好合作的新愿景和重点对接合作领域。分报告包括：《中非直接投资合作》《“一带一路”倡议与中非产能合作》《中非减贫合作与经验分享》《中非人文交流合作》《中非和平与安全合作》《中国与肯尼亚友好合作》《中资企业非洲履行社会责任报告》和《郑和远航非洲与21世纪海上丝绸之路》。它们分别从不同领域和角度详细阐述了中非合作取得的成就，面临的问题和挑战，以及未来发展合作的建议。主报告和分报告相互联系，互为一体，力求客观、准确、翔实地反映中非合作的现状，有利于增进人们对中非关系的认识和了解，为新时代中非关系顺利发展提供学术视角和智库建议。此外，这套智库报告英文版将同时出版，主要面向非洲国家和国际社会，向世界表明中非友好合作完全符合双方26亿人民的根本利益，完全顺应世界和平稳定与发展繁荣的历史潮流。

这套智库报告从策划立项到组织编写，再到印刷出版，前后只有5个月，时间紧，任务重，难免有缺憾和疏漏之处。例如，非洲国家众多，但国别合作报告只有一本《中国与肯尼亚友好合作》，略显单薄，如果至少有5—10本类似的国别合作报告，那么整套智库报告将会更为全面，更为丰满，希望将来有机会弥补这一缺憾，能够看到更多的中非国别合作报告。相信在国内非洲学界的共同努力下，我国的非洲研究和中非关系研究将不断攀登新高峰，从而更好地服务国家战略，助力新时代中非友好合作全面深入发展。

中国社会科学院副院长

蔡　昉

2018 年 8 月

**摘要：** 第二次世界大战结束以来，发展中国家努力探索实现国家繁荣、经济与社会快速发展及改善民众福祉之道路。但由于种种原因，发展中国家减贫成效出现了不同的情势：中国等一些曾经发展落后的国家成功地大幅削减了贫困人口数量，成为全球减贫的重要贡献者；而在发展中国家最为集中的非洲大陆，贫困问题仍然困扰着当地民众。当下，中非减贫合作具有坚实的基础：强烈的减贫政治意愿与战略共识是中非减贫合作的利益契合点；贫困基本特征的趋同性是中非减贫合作的内在驱动力；日益增多的合作机制是中非减贫合作的机制保障。随着南南国家减贫合作模式影响力上升以及非洲国家大力推进经济转型，中非减贫合作进入新时代。对于非洲而言，各国宜依据本国历史、文化、经济发展特点，有选择地借鉴中国减贫经验，并经历外部减贫经验的本土化过程，形成具有非洲国别特色的减贫做法。对于中国而言，在中非减贫合作中，应以构建人类命运共同体理念为指导，尊重非洲减贫发展战略的自主性，以双方合作的平等性、包容性和多样性为原则，动员多方力量参与其中，开展综合性减贫合作。

**关键词：** 中非合作；减贫；人类命运共同体；合作共赢；经验分享

**Abstract**: Since the end of the World War Ⅱ, developing countries have been exploring waysto realize national prosperity, hasten social and economic development and improve people's welfare. For various reasons, however, poverty alleviation efforts have achieved different results. On the one hand, some developing countries like China have successfully reduced their impoverished population and become important contributors to the global poverty relief effort; on the other hand, the African Continent, a place where most developing countries are located, is still struggling to lift people out of poverty. At present, China-Africa poverty alleviation cooperation has established solid foundations as can be shown in strong political will and strategic consensus in poverty reductionserving bilateral common interests; the commonality in the basic features of poverty in China and Africa serving as the intrinsic driving force for poverty reduction cooperation; and increasing cooperation opportunities serving as external momentum. With increasing influence from south-south cooperation and African countries' vigorous promotion of economic transformation, China-African poverty reduction cooperation has entered a new era. For African countries, it is advisable to draw selectively upon China's poverty alleviation experiences based on each country's own characteristics of history, culture and economics. That means, during the localization process of the foreign experiences on poverty alleviation, the African countries should form their own poverty reduction mode with African characteristics; for China, during the process of poverty reduction cooperation, the guiding ideology should be construction of a community with a shared future for mankind, and the principle should be based on equality, inclusiveness and diversity of cooperation with respect for the autonomy of African poverty alleviation strategies, mobilizing various forces to carry out comprehensive poverty alleviation measures.

**Key Words**: China-African cooperation, Poverty reduction, Community with shared future for mankind, Win-win cooperation, Experience sharing

# 目　录

# 导论　中非减贫合作共建人类命运共同体

终结贫困是人类的一个梦想，无论是“世界梦”“中国梦”还是“非洲梦”，都蕴含着追求没有贫穷的大同世界的内容。当今世界正在发生深刻而复杂的变化，但和平与发展仍是时代主题，和平、发展、合作、共赢的时代潮流更加强劲。与此同时，人类依然面临诸多难题和挑战。

当下，全球贫困人口主要分布在发展中国家。其中，中国是世界上最大的发展中国家，非洲大陆则是发展中国家最为集中的地区。中国有近 14 亿人口，约占世界总人口的 19%；非洲有 12 亿人口，约占世界总人口的 16%。可以说，全球约 1/3 的发展中国家人口生活在这两个地域。非洲大陆尤其是撒哈拉以南非洲地区，生活着全世界 50.7% 的贫困人口，该地区在改善贫困人口生存条件、生活质量方面虽取得一定进展，但减贫形势仍十分严峻。进入21世纪以来，联合国把推动“千年发展目标”（Millennium Development Goals, MDGs）以及“可持续发展目标”（Sustainable Development Goals, SDGs）作为国际发展合作的首要议题之一，发展中国家也把通过发展消除贫困作为中心任务，希望不断提高自我发展能力。因此，中非减贫合作的成效关乎非洲大陆约4亿非洲人（以人均日收入不足1.9美元计算，当前撒哈拉以南非洲贫困人口数量为3.89亿）的生存和福祉，对全世界的反贫困进程也具有举足轻重的影响。正如联合国助理秘书长、联合国开发计划署助理署长兼亚太局主任阿贾伊·齐柏所言，中国是全球推进实现“千年发展目标”进程中的领军力量，不但成功大幅地削减了本国贫困人口数量，还依靠经济实力和扶贫经验帮助其他发展中国家实现减贫目标，在当今世界减贫事业中扮演着重要角色，是全球减贫的重要贡献者。随着中国国际地位的不断提升，国际社会对中国承担更多国际合作责任的期待也越来越大。中国不仅拓展了发展中国家走向现代化的途径，也为解决人类贫困问题贡献了中国智慧和中国方案。

中非减贫合作的深入发展，是中国根据本国资源禀赋、经济与社会发展现状加强中非双方互利合作的创新，不仅提高了中国在非洲的影响力、感召力和塑造力，而且为非洲国家实现社会进步和发展日益发挥重要作用。实践证明，国际减贫合作具有多样性，只要合作对有关各方是积极的、有益的，就是一种成功的南南合作。可以说，中非减贫合作在一定程度上创新了国际减贫合作方式，丰富了国际减贫合作的内涵，国际减贫合作模式亦由南北减贫合作模式向南北合作、南南合作双向度减贫模式发展。

值得注意的是，党的十八大以来，以习近平同志为总书记的党中央提出构建合作共赢新型国际关系的重要理念。党的十九大报告则对人类命运共同体的内涵作出了明确阐述，即建设“持久和平、普遍安全、共同繁荣、开放包容、清洁美丽”的世界，彰显中国特色大国外交的要义。这表明中国将与世界其他国家一道大力推进“终结贫困”这一历史进程，不断深化中国同其他发展中国家的友好关系和全面合作，以实际行动为推动建设人类命运共同体作出积极贡献。

# 第一章　中非减贫合作的国际背景

过去数十年来，国际发展合作的话语实现了从推动受援国经济增长到消除贫困的转变，逐渐成为当今时代的重要主题。从国际社会对发展合作与减贫主体看，既包括发达国家体这一传统力量，也包括新兴经济体之间的南南合作。

## 一　国际发展合作中发展思维的转变

贫困，自古至今是人类的劲敌，是人类发展史上的一道深深的伤痕。因此，发展是人类面对的共同问题，也是全球化问题。当 1945 年联合国宣告成立时，“消除贫困”就被写进了庄严的《联合国宪章》。在 1964 年，联合国提出了“向贫困宣战”（War on Poverty）。至今，减贫问题始终是国家发展的重要目标。

### （一）“经济增长—减贫”观

第二次世界大战以后，发展中国家相继独立，遂开始了探求摆脱贫困、实现国家富强的发展之路。然而，作为一门年轻的学科，发展经济学虽深怀“贫困情结”，但因其处于初创阶段，在减贫理念、发展战略等方面尚在探索与发展中，远未形成指导发展中国家推动减贫事业的成熟理论，于是西方现代化发展理论执思想界之“牛耳”：发展被解读为提高全体人民的物质生活水平，就是经济增长；经济增长是解决贫困问题的充分和必要条件，只要人均国民生产总值提高了，每个人都会在经济增长中获得益处。

正是基于上述认知，国际发展合作在相当一段历史时间内将促进伙伴国经济增长作为政策的核心。例如，在非洲，20 世纪六七十年代，西方国家向非洲大量发放借贷资金，支持其工业化发展战略，满足其追求国民生产总值高速增长的需求。为此，联合国在 20 世纪 60 年代甚至越俎代庖，为发展中国家（包括非洲）制定了第一个十年（1960—1970 年）国际发展战略，强调把经济增长速度、国民生产总值和工业化水平作为最主要的追求目标和衡量指标，并鼓励发达国家增加对发展中国家的“援助”和“投资”。[①] 进入20世纪80年代，由西方国家主导的《结构调整方案》成为非洲国家与国际社会合作的新载体。该方案的理论支撑是凯恩斯新自由主义经济学，把分配和贫困放在一边，坚持重新建立市场机制来促进经济增长。可以说，《结构调整方案》依旧聚焦于经济增长的数量，对经济增长的质量则关注不够。

由此，在当时的发展观影响下，非洲国家并未制定明确的减贫战略，只是将其作为经济发展“溢出效应”的结果，改善民生内容被列入国家经济与社会发展战略的一部分。客观而言，经济增长的确可以成为国家减贫的最主要推动力，它可以构筑减贫的经济基础。但减贫涉及经济赋权、收入增势状况、贫困人口的社会条件是否得到改善、社会保障网建设等诸多情况，也就是说，穷人在多大程度上分享了经济增长的好处。上述情况绝非经济增长数量的“涓滴效应”所能自动实现的，市场的力量对于减贫是有限的，需要政府通过调整公共政策以及国民收入的二次分配来缩小工业化为导向发展战略所造成的收入分配两极化趋势，采取有助于低收入群体摆脱贫困、失业困境的因应之策。

① 谈世中主编《发展中国家经济发展的理论与实践》，中国金融出版社1992年版，第12页。

### （二）“经济发展—减贫”观

20 世纪 90 年代以来，随着世界政治经济格局的调整与变化，世界步入了全球化快速发展的时代。在这一过程中，人们看到：一方面，全球经济总体得到了快速的发展；另一方面，贫困问题依然突出，两极分化日益严重。在全球化背景下，艾滋病、腐败、恐怖袭击事件等一系列全球性问题，不仅使穷国深受其害，也使富国寝食难安。由此，帮助穷国减缓贫困越来越引起国际社会的高度关注。《1990 年世界发展报告》的出版，是国际社会发展思维出现这一重大转折的标志，[①] 也是国际发展合作目标聚焦减贫根源的政策报告。[②] 1992 年 12 月，第 47 届联合国大会决定将每年的 10 月 17 日确定为国际消除贫困日，以引起人们对

---

① 在世界银行范围内，这项变化是由 1990 年出版的世界银行关于贫困的专题报告《1990 年世界发展报告》开创先河的，该报告中包括第一个作出了对全球穷困情况的标准化估计，即定义了“贫困”的概念。同时，自詹姆斯·沃尔芬森于 1995 年就任世界银行行长后，世行的工作重点也发生了明显的转变。

② 此后，在 20 世纪 90 年代中后期，由国际组织或发达国家宣示的诸多有关国际合作的政策文件，均将减贫置于核心的位置，如 1996 年由经合组织发展援助委员会制订的“国际发展目标”（International Development Targets）、1997 年的英国国际发展合作白皮书，等等。See Robert Picciotto & Rachel Weaving edited, *Impact of Rich Countries' Policies on Poor Countries: Towards a Level Playing Field in Development Cooperation*, New Brunswick and London: Transaction Publishers, 2004, p. 25.

贫困问题的重视，推动全球消除贫困工作。这实际上反映了国际社会主流发展观的变化。

1995 年 3 月，联合国社会发展世界首脑会议于丹麦首都哥本哈根召开，确立了通过国际合作层面削减贫困的共识：驱动国际社会和国际组织，尤其是国际金融机构支持穷国以消除贫困和基本的社会保护为目标的努力；鼓励国际捐助方和多边发展金融机构支持发展中国家致力于可持续发展和满足人民基本需求的政策和发展计划；寻求与落后国家实施消除绝对贫困密切相关项目的合作[①]……这次会议的重要成果是通过了《哥本哈根宣言》和《哥本哈根会议行动纲领》，提出了社会发展的核心目标，即在一个经济持续增长和可持续发展的构架内采取行动，创造一个有利于社会发展的国内和国际环境，消除贫穷，增加生产性就业、减少失业以及促进社会融合。具体的行动纲领有十项，如促进非洲和最不发达国家的经济和社会发展及人力资源的开发，等等。[②] 哥本哈根会议是国际社会深切认知减贫合作问题重要性的里程碑。在此次会议上，社会发展被明确为人类发展的战略目标，它体现了以人的权利为本、以可持续发展为途径，最终满足

---

① Mbaya Kankwenda, Luc-Joël Gregoire, Hugues Legros & Harouna Ouédraogo, *Poverty Eradication: Where Stands Africa?* London: Economica Ltd, 2000, pp. 294 - 295.

② http://www.cspgp.org.cn/book/6 - 26.htm, January 15, 2011.

各国人民的物质和精神需要的社会公共管理的目标价值取向。国际合作的目标确定为削减贫困，世界各国尤其是发达国家纷纷调整对非援助政策，更加关注非洲的减贫与发展问题。

如上所述，正是随着人们对于贫困与反贫困问题认识的深化，摆脱国家贫困、落后、不发达状态成为非洲国家的共同诉求，并制定了相应的经济与社会可持续发展的战略与政策，将减缓贫困、提高人们生活质量置于国家发展战略的核心。

### （三）“益贫式经济增长”观

进入21世纪以来，国际学界在对非发展合作中进一步关注经济增长与减贫的内在辩证关系，认同益贫式增长（Pro-poor Growth）或共享式增长（Inclusive Growth）范式，由此益贫式增长或共享式增长遂成为经济学家重塑国际发展合作的要语。在此理念指导下，国际发展合作愈加聚焦包括非洲在内的发展中国家减贫问题。《2000/2001年世界发展报告》的主题就是“与贫困做斗争”（Attacking Poverty）。该报告以新的视角诠释贫困概念的内涵，贫困不仅意味着低收入、低消费，缺衣少药，没有住房，生病时得不到治疗，不识字而又得不到教育，它还包括风险和面临风险时的脆弱性，没有发言权和缺乏影响力。[①] 2016 年世界银行又发布了题为《贫困与共享繁荣 2016：解决不平等》的报告，提出：由于全球经济增长趋势放缓，解决不平等对于在 2030 年实现消除极端贫困和共享繁荣的目标极为关键。[②] 这一理念体现了在新的历史时期，人们对贫困与减贫问题的全新认识。国际发展合作愈加关注包括非洲在内的发展中国家减贫问题，国际对非援助流向社会发展、经济增长、应对气候变化等领域。

值得注意的是，1999 年 9 月，在世界银行和国际货币基金组织举行的年会上，作出了将减贫与减债相挂钩的决议，即拟从国际机构获得减债或贷款的重债穷国，需要提交国别《减贫战略报告》（*Poverty Reduction Strategy Papers*）。由此，《减贫战略报告》国际组织提供债务减免等国际援助的前提条件，也是受援国与捐助方进行政策对话的工具。内外因素共同促动非洲国家减贫行动发生制度性变迁。非洲国家相继通过设置专门的组织机构，从国家发展的战略高度制定减缓贫困的政策文件，充分调动各种财政资源、信贷资源和社会资源，建立了减贫工作制度与体系。

① 世界银行：《2000/2001 年世界发展报告：与贫困作斗争》，中国财政经济出版社 2001 年版，第 15 页。

② The World Bank, *Poverty and Shared Prosperity* 2016: *Taking on Inequality*, Washington D. C., 2016, p. 2.

2000年3月，乌干达成为第一个提交《减贫战略报告》的非洲国家。直到2016年12月31日，非洲共有36个国家起草或完成了《减贫战略报告》。[①] 报告主体内容包括：说明制定和执行国家减贫战略的载体；评估国家贫困化状况；明晰减贫战略中优先发展的领域；确立国家减贫战略所要达到的预期目标；建立减贫战略的监测和评价系统。[②]《减贫战略报告》强调穷人在经济增长中的受益性，即经济增长的利贫性特点。

## 二　从“千年发展目标”到“可持续发展目标”

### （一）国际减贫合作目标的提出

随着20世纪成为历史，致力于推动非洲等贫穷国家发展事业的人们日益认识到，若要实现减贫的国际发展目标，需要制定有时限、可定量的具体目标。2000年9月，世界各国首脑齐聚联合国千年峰会，承诺为实现全球和平、人权、民主、治理、环境的可持续发展及消除贫困，加强国际协作，签署了以减贫为

① 参见国际货币基金组织网站 http：//www. imf. org/external/np/prsp/prsp. aspx，2018－05－12。

② 安春英：《非洲的贫困与反贫困问题研究》，中国社会科学出版社2010年版，第116—117页。

要义的《千年宣言》。为保障这些承诺的实现，制定了实现承诺的“路线图”，即“千年发展目标”（MDGs）。

从“千年发展目标”的核心理念和价值观看，它以实现发展、和平和人权为标尺，体现的是自由、平等、团结、宽容、尊重自然、共担责任等一些基本价值观，亦与人类发展目标相一致，如追求健康长寿（目标4、5和6）、受教育（目标2和3）、体面的生活（目标1），以及享有参与社区生活的政治自由和公民自由（“千年发展目标”中没有这项，但它是《千年宣言》中的一项重要的全球目标）；拥有人类发展的必需条件，如环境的可持续性（目标7）、公平——特别是男女平等（目标3），以及保证全球经济环境（目标8）。[①]

从“千年发展目标”的内容看，它包括8项大目标、19个具体目标和48个指数。事实上，“千年发展目标”是20世纪90年代以来国际社会诸多国家、地区和国际组织协商的产物。它不仅为发达国家所认同，也被发展中国家所接受，成为21世纪初有关减贫领域国际发展合作的依托与载体。无论是之后出现的“蒙特雷共识”、“非洲行动计划”（2002年八国峰会提

① 联合国开发计划署：《2003年人类发展报告——千年发展目标：消除人类贫困的全球公约》，中国财政经济出版社2003年版，第26页。

出)、“巴黎援助效益宣言”、“阿克拉行动议程”，还是发达国家的对非双边援助政策，抑或是发展中经济体之间民生领域的合作，均以“千年发展目标”为政策核心。“千年发展目标”是21世纪初期国际社会在发展领域最全面、最权威、最明确的发展目标，也是衡量国际发展合作的重要标尺。

### （二）国际减贫合作目标的深化

当“千年发展目标”截止日期2015年渐渐来临时，国际社会开始思忖2015年后的发展议程。经过多轮政府间磋商，“2030年可持续发展议程”（即“可持续发展目标”，SDGs）在2015年9月召开的第70届联合国大会上获得通过，自2016年1月起正式生效，成为2016—2030年指导国际发展合作的纲领性文件。

“可持续发展目标”关切人类共同发展问题，旨在构建一个经济繁荣、社会安定、环境友好、全球和谐、共同发展的人类社会。它包括17个大目标和169个子目标，涉及保障个体具有自身发展所需的基本条件（目标1—7）、保护和促进集体人力资本开发（目标8—12）、解决全球公共产品的有效供给（目标13—17）三方面内容。

表 1－1 “千年发展目标”和“可持续发展目标”内容的相关性

| “千年发展目标” | “可持续发展目标” |
|---|---|
| 目标 1：消除极端贫困与饥饿 | 目标 1：无贫困：在所有地方终结贫困的所有形式 |
| | 目标 2：无饥饿：终结饥饿，达成食品保障、提升营养并促进可持续发展 |
| | 目标 8：体面工作和经济增长：促进持久、包容、可持续的经济增长，实现充分和生产性就业，确保人人有体面工作 |
| 目标 2：普及初等教育 | 目标 4：优质教育：确保公平的优质教育，促进全民享有终身学习机会 |
| 目标 3：促进男女平等并赋予妇女权利 | 目标 5：性别平等：实现性别平等，为所有妇女、女童赋权 |
| 目标 4：降低儿童死亡率 | 目标 3：健康福祉：确保健康的生活方式，促进各年龄段人群的福祉 |
| 目标 5：改善产妇保健 | |
| 目标 6：与艾滋病毒／艾滋病、疟疾和其他疾病作斗争 | |
| 目标 7：确保环境的可持续能力 | 目标 6：清洁饮用水和卫生设施：确保所有人享有水和环境卫生，实现水和环境卫生的可持续管理 |
| | 目标 13：应对气候变化：采取紧急行动应对气候变化及其影响 |
| | 目标 11：可持续城镇与社区：构建包容、安全、有风险抵御能力和可持续的城市及人居环境 |
| | 目标 14：保护海洋生态：保护和可持续利用海洋及海洋资源，以促进可持续发展 |
| | 目标 15：保护陆地生态：保护、恢复和促进可持续利用陆地生态系统、可持续森林管理、防治荒漠化、制止或扭转土地退化现象、遏制生物多样性的丧失 |
| | 目标 7：经济适用的清洁能源：确保所有人获得可负担、可靠和可持续的现代能源 |
| | 目标 9：产业创新和基础设施：建设有风险抵御能力的基础设施，促进包容和可持续的工业化，并推动创新 |
| | 目标 10：减少不平等：减少国家内部和国家间的不平等 |
| | 目标 12：负责任的消费和生产：确保可持续的消费与生产模式 |

续表

| "千年发展目标" | "可持续发展目标" |
| --- | --- |
| | 目标16：公正、和谐和包容社会：促进有利于可持续发展的和平与包容的社会，为所有人提供司法公正，在各层级建立有效、负责和包容性的机构 |
| 目标8：全球合作促进发展 | 目标17：全球伙伴关系：加强执行手段、重振可持续发展的全球伙伴关系 |

资料来源：联合国开发计划署：《2003年人类发展报告——千年发展目标：消除人类贫困的全球公约》，中国财政经济出版社2003年版，第202—240页；联合国网站：http：//www. un. org/sustainabledevelopment/zh/sustainable-development-goals，2018－04－02。

从表1－1可以看出，"千年发展目标"与"可持续发展目标"内容既有延续，也有创新。例如，前者从目标1至目标8都能与后者基本对应，体现了二者的内在关联与融合，也恰恰是前者未能完成的目标，需要国际社会继续努力与推进。但这种推进不是简单的重复，而是有目标的提升与深化，标准更高。例如，前者在论及"目标7"时，其具体目标是："到2015年，将无法持续获得安全饮用水和基本卫生设施的人口比例减半"；而后者涵盖所有人能够确保获得持续的饮水与卫生设施。前者"目标2"是"普及初等教育"，而后者则言及"优质教育""终身学习机会"等更高的人力资源开发要求。所谓创新，是指后者的目标较之前者更加广泛，有一些新增发展目标。例如，后者的目标7、9、10、12和16涉及减贫制度与条件的目标，则属创新性内容，旨在关注为人类减贫与发展提供必需的基础条件与环境，表明人们对贫困与反贫困问题认识的深化。当下，联合国 2030 年“可持续发展目标”是对终结贫困、保护地球并确保全人类共享和平与繁荣的共同呼吁，成为国际发展合作的政策指南与重要支撑，也意味着国家间减贫合作要尽量对接这一国际发展合作的新机制。

## 三　国际社会对非减贫合作的现状

长期以来，国际社会对非减贫合作是其实施国际援助的一部分，只是在 20 世纪 90 年代中期以来，加大了对欠发达国家民生领域的国际援助，如教育、健康、医疗卫生、供水、公用民用设施、就业、住房等基础设施建设与涉及各类能力建设的政府管理部门，以及用于受援国政府减免债务。[①] 国际社会对非援助分为官方发展援助、债务减免、技术援助、人道主义援助等不同类型。

### （一）发达经济体对非援助与减贫

第二次世界大战结束以来，基于历史联系与现实

① 安春英：《非洲的贫困与反贫困问题研究》，中国社会科学出版社 2010 年版，第 195 页。

需要，尤其是西方国家出于全球战略以及政治、经济和安全利益的多重考虑，发达国家一直注重对非洲大陆提供各种类型的对外援助。而在不同历史时期，它们对非援助的关注点和领域也有所不同。冷战时期，非洲成为西方战略安全的侧翼，即遏制苏联南下、拓展战略空间，西方国家主要为非洲战略伙伴国提供军事和经济援助，体现安全利益优先的政策特点。20世纪80年代末90年代上半叶，随着非洲大陆地缘政治地位的下降，西方国家对非出现“援助疲劳”现象，经济援助规模下降。从20世纪90年代中期伊始，非洲经济与政策形势发生重大变化，全球化趋势增强，西方国家重新关注非洲大陆。加之，如前所述，西方国家对国际援助的理念、效应进行了多维度反思，国际援助的重心进一步向推动受援国经济与社会全面发展倾斜，并不断加大对非洲减贫的支持力度。

从发达国家对非援助的构成看，可分为多边援助和双边援助两部分。多边援助由非洲开发银行、欧盟、世界银行、国际货币基金组织和联合国下属机构（国际开发协会、非洲经济委员会、粮食与农业组织、开发计划署等）构成。非洲是国际社会对发展中国家援助的主要目的地，2016年，多边国际机构对非洲的国际发展援助占其对发展中国家援助总额的41.8%。其中，世界银行是世界上最大的发展援助机构之一，主要通过融资和投资项目支持非洲国家的减贫战略。当前，世界银行对非援助政策的重点是：投资于人，提供基本的卫生和教育服务；保护环境；支持和鼓励民营企业发展；加强政府的能力，提高效率，增加透明度，提供高质量的服务；促进改革，创造一个有利于投资和长期规划的稳定的宏观经济环境；注重社会发展、参与、良政和机构建设；为弱势人群构建安全网。具体的重点援助领域是：提高受援国经济管理与外债管理能力；促进农业及农村的发展；提高教育水平；保障穷人的健康，加强基础设施的建设和提供粮食援助。[①] 欧盟也是对非多边援助的主要来源方，依托《经济伙伴协议》等政策文件，对非援助重点集中于有助于消除贫困的关键性部门，尤其是社会服务和基础设施领域。近年来，欧盟基于“发展—安全”观，增加了对非社会与经济发展项目援助，希望以援助促进非洲地区自身发展，创造更多的就业机会，从源头上解决对欧洲大陆安全威胁问题。从图 1－1 可以看出，近年多边机构对非洲援助流量保持平衡态势，援助量约为 180 亿美元。

① Mbaya Kankwenda, Luc-Joël Gregoire, Hugues Legros & Harouna Ouédraogo, *Poverty Eradication: Where Stands Africa?* London: Economica Ltd., 2000, p. 313.

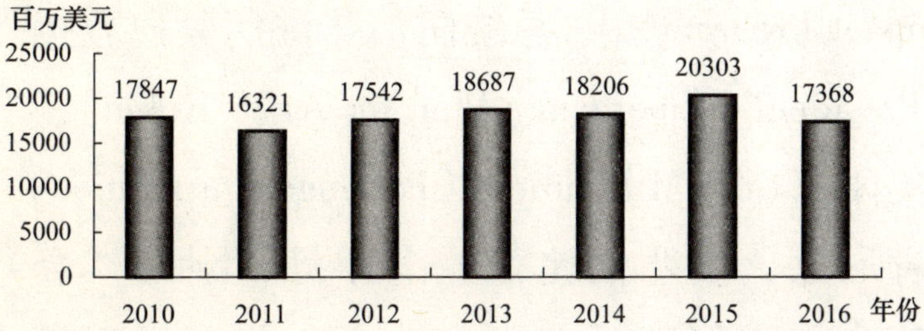


**图 1-1　2010—2016 年多边国际机构对非双边援助净交付额**

资料来源：经合组织网站：https：//data. oecd. org/oda/distribution-of-net-oda. htm，2018-04-04。

在双边援助中，经合组织发展援助委员会 35 个成员国，是国际社会官方发展援助的主要援助者。其中，美国是对非洲提供援助额最多的国家，2016 年美国对这一地区的援助资金达 97.35 亿美元，占美国对外援助总额的 34%，[①] 主要通过美国相关的政府机构（如美国国际开发署）或非政府组织（如和平队）实施。美国对非援助政策与其对外政策紧密相关，强调加强与非洲国家的战略伙伴关系；支持非洲脆弱国家；加强与非洲地区或次区域组织的合作；加强非洲地区安全能力的构建；缩小数字鸿沟等。其中，美国对外援助金额的 85% 是通过具体项目来执行的，在非洲，包括"可持续发展数据的全球伙伴关系"（the Global Partnership for Sustainable Development Data）、"地方影响力数据协同发展计划"（the Data Collaboratives for Lo-

① OECD, *Development Co-operation Report 2017*, Paris, 2018, p. 282.

cal Impact Program）、“总统防治艾滋病紧急救援计划”（the President's Emergency Plan for AIDS Relief）、“千年挑战集团”（the Millennium Challenge Corporation）等项目。肯尼亚、埃塞俄比亚、南苏丹、刚果（金）、尼日利亚和坦桑尼亚是美国在非洲的主要援助流入国。英国因其在非洲曾拥有大量殖民地，长期以来，将非洲作为其对外援助的主要区域。2016 年，英国对非提供 43.03 亿美元的援助，约占其对外双边援助总额的 1/3。[①] 英国政府以国际发展部为载体，设立了减贫财政援助资金（Poverty Reduction Budget Support，PRBS），通过政府财政援助计划（如贷款、赠款等）支持受援国经济增长、减贫与能力建设等；或通过非财政援助（如技术合作等）满足受援国的实际发展需求。2016 年，该国对非援助额居前三位的国家是埃塞俄比亚、尼日利亚和塞拉利昂。与英国类似，非洲大陆也一直是法国对外援助的主要流入地，亦占其对外援助总额的 1/3。[②] 法国的对外援助由外交部、经济财政工业部分工管理，而法国开发署（the Agence Française de Développement）则负责援助项目的具体执行。法语非洲国家是法国对非援助的首选国，例如，2016 年该国对非援助额居前列的国家分别是摩洛哥、科特迪瓦、

① OECD, *Development Co-operation Report 2017*, Paris, 2018, p. 278.

② Ibid., p. 198.

塞内加尔和喀麦隆。[①] 德国对外援助的主管部门是经济合作与发展部，执行部门是德国复兴信贷银行和德国国际合作局。该国对外援助流向地理分布较为均衡，对撒哈拉以南非洲援助总额（2016 年占比为 13%）与中亚和南亚、中东和北非、拉美地区相当。由于近年来德国困扰于难民问题，2014—2016 年显著增加了对非援助总额，以期从本源上解决安全问题。日本将非洲列为对外援助的第三大海外区域，占其对外援助总额的 11%。在“东京非洲国际发展会议”框架之下，注重扩大其国际影响力，由日本国际协力机构（JICA）在非洲实施对外援助项目，对非技术援助特色突出。

表 1－2　近年发达国家对非洲的主要援助方

（按援助额排名）　单位：百万美元

| 捐助方 | 2010 | 2011 | 2012 | 2013 | 2014 | 2015 | 2016 |
|---|---|---|---|---|---|---|---|
| 美国 | 8185 | 9856 | 9309 | 9947 | 9438 | 9320 | 9735 |
| 英国 | 3278 | 3434 | 3456 | 3899 | 4045 | 4203 | 4303 |
| 德国 | 1772 | 2209 | 2543 | 2080 | 2571 | 3036 | 3462 |
| 法国 | 3651 | 3818 | 3632 | 2678 | 2286 | 2131 | 2206 |
| 日本 | 1372 | 1159 | 1172 | 1749 | 1389 | 1784 | 1339 |

资料来源：经合组织网站：https：//data. oecd. org/oda/distribution-of-net-oda. htm，2018－04－04。

① OECD，*Development Co-operation Report 2017*，Paris，2018，p. 198.

从发达国家对非援助的领域分布来看，减贫指向性特点突出。教育、卫生、饮水安全等社会基础设施约占援助总额的一半，这表明国际社会愈加重视改善贫困人口脱贫条件的重要性。例如，法国在非洲援助项目就较为关注教育、职业培训等基础设施的完善。当非洲发生旱涝自然灾害、疾病、内乱等情况时，国际社会则为那些饥民、难民、病患提供急需的人道主义救助。交通、通信电力以及涉农类经济基础设施会为非洲国家经济发展提供便利，这使得国际社会近年加大对该领域的援助力度。例如，美国于2013年提出了“电力非洲”倡议，以期缓解部分非洲国家能源供需矛盾。

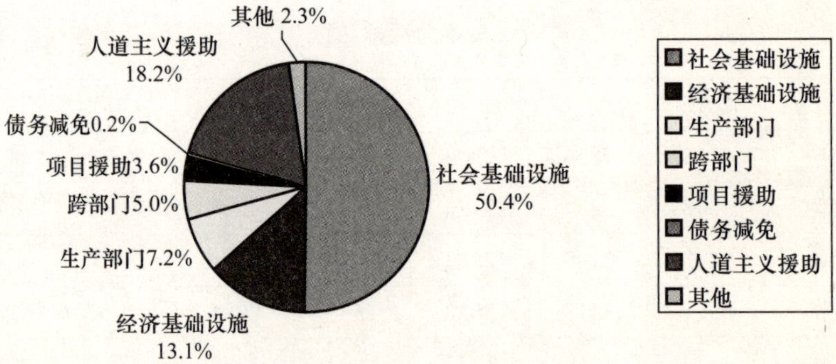


图1-2 2016年发达国家对非援助领域分布

资料来源：经合组织网站：https：//data. oecd. org/oda/distribution-of-net-oda. htm，2018-04-04。

总体来看，近年来发达国家对非援助有助于推动非洲的减贫进程，但力度有所不同。从官方发展援助占国民收入的比例看，2016 年英国、德国、丹麦、卢森堡、挪威、瑞典等国达到了发达国家在 1970 年联合国大会上承诺的对外援助标准（官方发展援助不低于其国民总收入的 0.7%），而法国（0.38%）、日本（0.20%）、美国（0.19%）等国仍未达标。[①]

### （二）新兴经济体对非援助与减贫

新兴经济体对非援助属于南南合作的范畴。而南南合作缘起于第二次世界大战后反帝、反殖、反对霸权主义的斗争，虽然在 20 世纪下半叶非洲大陆域外的发展中国家对非洲展开了不同程度的国际援助，但由于这些国家经济发展水平落后于西方，因此国际影响力较小。进入 21 世纪以来，中国、印度、土耳其、巴西等国经济崛起，这些国家渴望在国际舞台上扮演更重要的角色，这也驱使它们加大了对其他发展中国家的援助力度。

从图 1－3 可以看出，2013 年以来受到阿联酋、土耳其等国对非洲伊斯兰国家援助额显著增加的带动，非经合组织发展援助委员会国家对非援助额也随之显获提高，2013—2016 年对非援助净交付额分别为 51.80 亿美元、39.00 亿美元、43.90 亿美元和 26.21 亿美元。

---

① OECD, *Development Co-operation Report 2017*, Paris, 2018.

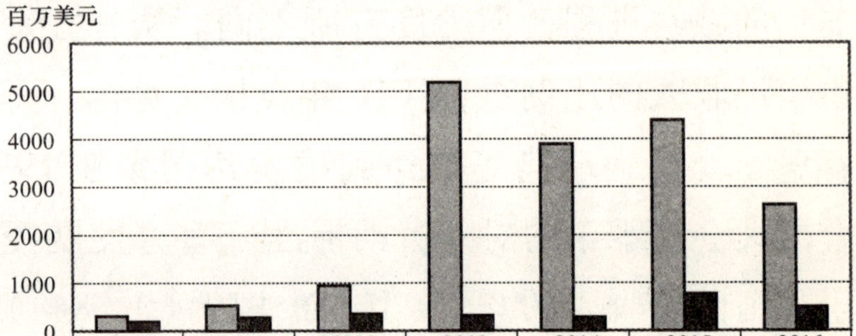


| | 2010 | 2011 | 2012 | 2013 | 2014 | 2015 | 2016 |
|---|---|---|---|---|---|---|---|
| ■非洲 | 314.9 | 531.4 | 951.3 | 5180.7 | 3900.7 | 4389.3 | 2621.1 |
| ■撒哈拉以南非洲 | 201.9 | 284.8 | 362.4 | 313.8 | 277.9 | 772.6 | 493.4 |

■非洲 ■撒哈拉以南非洲

图1-3 非经合组织发展援助委员会（DAC）国家对非援助净额

资料来源：http：//stats. oecd. org/viewhtml. aspx? datasetcode = TABLE2A&lang = en，2018-04-04。

在对非实施援助的南方伙伴中，中国（后文详述）、土耳其、印度、巴西、阿联酋等国较引人注目。土耳其为实现“土耳其梦”，努力创造良好的外部环境，包括以援助为手段打造土非伙伴关系。作为新兴援助国，土耳其设有较为完善的对外援助管理机构——土耳其国际合作与协调署（TIKA），主要以双边援助（占援助总额的98%）形式实施。西亚北非地区和撒哈拉以南非洲地区是土耳其对外援助的两大区域，2015年上述两区域分别占其对外援助总额的73%和10%，索马里（援助金额3.15亿美元）和苏丹（2200万美元）列居该国当年对外援助额的第二位和第十位。[①] 对

① OECD, *Development Co-operation Report 2017*, Paris, 2018, p. 296.

于土耳其的新伙伴非洲而言，难民救助、农业、健康、卫生、能力建设等领域是近年援助的重点领域。

印度与非洲之间存在着历史、文化和情感联结，独立后一直把南南合作作为自己长期的支柱政策。1964 年，印度政府决定进一步加强和深化与其他发展中国家的技术合作，并设立了印度技术合作中心（ITEC），随后又增加了“英联邦援助非洲特别计划”（SCAAP），专司对非洲英联邦国家进行技术援助。2003 年，印度又提出了旨在援助非洲、南亚发展中国家的“印度发展计划”（IDI）。尤其引人注目的是，从 2008 年起，印度—非洲峰会机制设立，扩展对非援助力度是重要内容之一。外交部、财政部、商务部、进出口银行和文化交流委员会分别负责针对不同内容的对外援助项目。不丹、阿富汗、孟加拉国、尼泊尔、斯里兰卡始终在印度对外援助中占据重要位置，近年来该国亦更加关注对非援助，重点领域是健康、教育、能源（水电）、信息技术等。

巴西作为世界上另一重要的新兴经济体国家，与非洲部分国家拥有历史、种族、文化和语言方面的联系，自 2003 年卢拉总统执政后，深化与非洲大陆的政治经济合作。巴西合作署专门负责该国所有的技术合作项目的协调工作，其中包括处理巴西对外援助事宜。巴西对非援助以自身的资源开发、技术等方面的相对优势为依托，关切非洲国家的实际需求。巴西在对非合作中，注重通过多边机制进行发展合作与援助活动。巴西与非盟或其他国际组织签订了多个合作协定，推进对非经济合作与援助。2012 年，巴西政府与联合国粮农组织签署协议，为旨在援助非洲国家粮食生产的项目提供 237 万美元的资金援助。该项目能为埃塞俄比亚、马拉维、莫桑比克、尼日尔和塞内加尔的农民提供种子和化肥等生产必需品，并协助他们组成农业合作社，统一安排粮食生产和销售。[①] 当下，巴西对非援助领域以农业、食品安全、健康和公共管理为主。

阿联酋是阿拉伯世界第二大经济体，基于伊斯兰因素，对外援助的重点地区是西亚和非洲伊斯兰国家。2010—2016 年，该国对非援助净额分别为 87.3 亿美元、111.2 亿美元、159.7 亿美元、4301.9 亿美元、3411.6 亿美元、2834.7 亿美元和 2470.1 亿美元。[②] 这对于近几年处于低油价打击的阿联酋来说，对非援助能保持高位实属不易。阿联酋对外援助协调办公室是该国对外援助的官方机构，负责协调阿联酋对外援助项目的申请、审核、执行和评估。2015 年，阿联酋对非援助国主要是埃及、摩洛哥、苏丹、利比亚和毛里

① http：//www. chinadaily. com. cn/hqgj/zbyt/2012 -02 -23/content_5231338. html，2018 -04 -04.

② http：//stats. oecd. org/viewhtml. aspx？ datasetcode = TABLE2A&lang = en，2018 -04 -04.

塔尼亚，用于上述国家的项目援助、经济基础设施（能源、交通等）和人道主义援助。

这些发展中国家同时具有受援国和援助国的双重属性，与对非传统援助方相比，它们囿于经济实力，虽对非援助金额较小，但因其更强调援助主体和援助客体之间的平等和合作关系，对国际援助体系产生了重要影响，也使国际发展援助格局发生显著变化。

# 第二章　中非减贫合作的基础条件

20 世纪以来，人类科学技术发展突飞猛进，但饥饿、疾病和贫困问题依然困扰着许多发展中国家，贫困问题仍然威胁着人类的和平与发展，减贫问题依旧是人类发展的重要问题。尤其在发展中国家，实现共享式增长、促进社会进步是现阶段的主要任务。面对非洲大陆贫困问题的长期化态势，该地区在解决贫困问题这一世界性难题方面不仅需要其自身的不懈努力，而且需要外部国际合作，其中中国在减缓贫困方面取得的举世瞩目的佳绩及积累的经验，会为非洲的减贫事业注入新势能。

## 一　全球视野中的非洲贫困化态势

### （一）全球贫困人口分布

在过去 30 多年里，发展中国家始终坚持不懈地与贫困做斗争，力图改善广大人民的福祉。的确，20 世纪 90 年代以来，在全球经济进入较快增长周期的带动下，无论全球贫困人口数量，还是贫困发生率都出现显著下降之势。据世界银行 2015 年发布的题为《消除绝对贫困、共享繁荣——进展与政策》的报告统计，按照 2011 年购买力平价测算的新国际贫困线标准（即 2015 年 10 月 4 日世界银行公布的日收入或支出不低于 1.9 美元的国际贫困线标准），1990—2015 年，发展中国家贫困人口从 19.6 亿减少到 7.0 亿，这就意味着这一时期有 12.6 亿人口实现了脱贫；同期，贫困发生率亦由 37.1% 锐减至 9.6%。总体看，世界范围内全球减贫成效彰明较着。

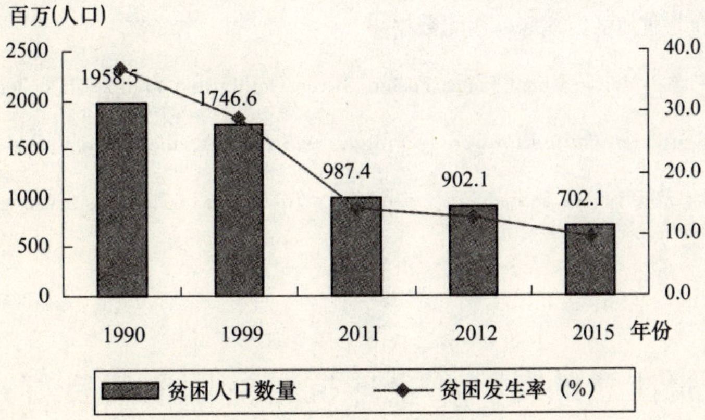


图 2－1 全球减贫进展

资料来源：Marcio Cruz，James Foster，Bryce Quillin and Philip Schellekens，*Ending Extreme Poverty and Sharing Prosperity*：*Progress and Policies*，the World Bank，2015。

表 2-1　　　　　　发展中国家贫困人口变化

| | 1990 年 | | 1999 年 | | 2012 年 | | 2013 年 | | 2015 年 | |
|---|---|---|---|---|---|---|---|---|---|---|
| | 数量（百万） | 贫困发生率（%） | 数量（百万） | 贫困发生率（%） | 数量（百万） | 贫困发生率（%） | 数量（百万） | 贫困发生率（%） | 数量（百万） | 贫困发生率（%） |
| 东亚和太平洋 | 999.3 | 60.8 | 689.7 | 37.5 | 147.2 | 7.2 | 71.0 | 3.5 | 82.6 | 4.1 |
| 东欧和中亚 | 9.0 | 1.9 | 36.6 | 7.8 | 12.0 | 2.5 | 10.8 | 2.3 | 4.4 | 1.7 |
| 拉美和加勒比 | 78.0 | 17.7 | 72.2 | 14.1 | 37.1 | 6.2 | 33.6 | 5.4 | 29.7 | 5.6 |
| 中东和北非 | — | — | — | — | — | — | — | — | — | — |
| 南亚 | 574.5 | 50.6 | 560.1 | 41.2 | 309.2 | 18.8 | 256.2 | 15.1 | 231.3 | 13.5 |
| 撒哈拉以南非洲 | 284.0 | 56.0 | 375.4 | 58.1 | 388.5 | 42.6 | 388.7 | 41.0 | 347.1 | 35.2 |
| 全世界 | 1958.5 | 37.1 | 1746.6 | 29.0 | 902.0 | 12.8 | 766.3 | 10.7 | 702.1 | 9.6 |

说明：按日均生活费不足 1.9 美元新贫困线标准测度贫困数据；2015 年为估计数；中东和北非地区因地区动荡无数据。

资料来源：Marcio Cruz，James Foster，Bryce Quillin and Philip Schellekens，*Ending Extreme Poverty and Sharing Prosperity*：*Progress and Policies*，the World Bank，2015；The World Bank，*Poverty and Shared Prosperity 2016*：*Taking on Inequality*，Washington D. C.，2016。

值得注意的是，在全球抗击贫困取得良好进展的背后，折射出两大变化与特征：第一，在发展中国家内部，不同地区、不同国家之间减贫速度差异较大。东亚地区曾是世界上贫困发生率最高的地区，在中国持续高效减贫的影响下，该地区贫困发生率由 1990 年的60.8%陡降至2013年的3.5%，减贫成效最为显著。同样，南亚地区（尤其是印度）也取得了值得称道的减贫效果，贫困发生率从1990年的50.6%降至2013年的15.1%。与此相比，拉美和加勒比海地区以及撒哈拉以南非洲地区减贫速度相对迟缓，同期贫困发生率仅分别减少了12个百分点和15个百分点。

第二，全球贫困人口地域分布格局发生了变化。20世纪90年代，东亚和太平洋、南亚和撒哈拉以南非洲曾是世界上贫困人口最为集中的地区，这三大地区约占世界贫困人口的95%。到2015年，世界贫困人口三足鼎立局面格局演变为日益向撒哈拉以南非洲地区集中的态势，撒哈拉以南非洲已然成为世界上贫困人口最多、贫困发生率最高的地区。

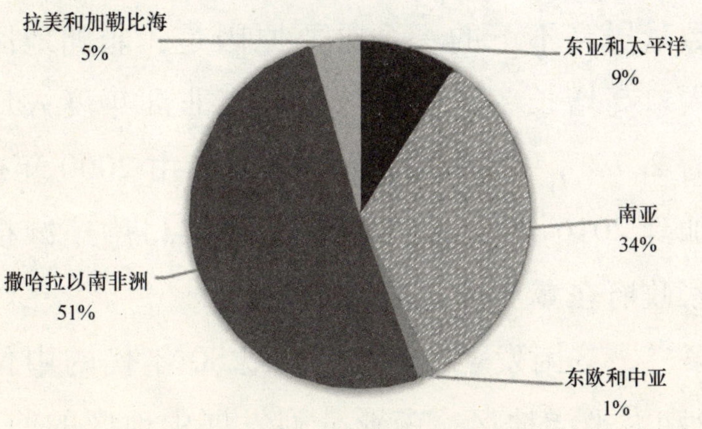


**图2－2　每天生活费不足1.9美元人口的地域分布（2013年）**

资料来源：The World Bank, *Poverty and Shared Prosperity 2016: Taking on Inequality*, Washing D.C., 2016, p.4。

### （二）非洲地区的减贫进展

非洲是世界第二大洲，是人类文明的发祥地之一，拥有丰富的自然资源，但长期以来却为贫困所扰。如果将非洲大陆置于全球发展的视阈中，我们发现：与世界其他大多数地区减贫事业取得相当大的进展相比，非洲大陆（以撒哈拉以南非洲为例）减贫亦取得了一定成效，但总体进展较为缓慢。

第一，贫困人口规模依然庞大，且数量呈上升趋势。1981 年，撒哈拉以南非洲贫困人口总数为2.02 亿人，到 1990 年升至 2.84 亿人，1999 年继续攀升至 3.75 亿人，2012 年则达到 3.89 亿人，2015 年缓降至 3.47 亿人，与全球贫困人口逐年大幅下降的趋势相悖（参见表2－1）。事实上，多年来，非洲国家极端贫困人口数量居高不下的一个重要原因是：非洲地区常年保持人口高增长率，如撒哈拉以南非洲年度人口增长率约为 2.7%，这使得该地区总人口由 2000 年的 6.7 亿增加到 2016 年的 10.33 亿。[①] 高人口增速减损了非洲国家政府在减贫方面的努力。

第二，贫困发生率由 20 世纪 80 年代的中位态势（东亚和太平洋地区、南亚分列发展中地区的前两位）

① 《世界银行2017 年度报告》（中文版），参见世界银行网站 http：//www.worldbank.org/en/about/what-we-do，2018－04－05。

至90年代中叶开始跃居发展中地区榜首，贫困人口比例始终保持在40%以上。这表明，非洲国家的贫困化问题具有长期性，减贫任务艰巨。

第三，以联合国“可持续发展指标”来衡量，非洲地区的社会发展指标仍有很大的提升空间。其一，在体面的生活方面，非洲地区粮食不足问题长期存在，2016年全非营养不良的贫困人口比例为16.2%。其中，东非地区缺粮问题最为突出，该地区粮食不安全人口比例为28.9%，也就是说，东非地区每3人中就有1人处于饥馑状态。[①] 营养摄入不足，也使非洲地区儿童发育迟缓，5岁以下儿童身高不足人口占35%（参见表2-2）。其二，在教育方面，对于当下非洲国家而言，达到“全民享有终身学习机会”仍尚待时日，即使作为义务教育阶段的小学学校教育，该阶段的在校生学业完成率亦仅有69%。性别入学差距依然存在，在小学、中学、专科男生与女生的比例分别为：104∶96、55∶50和81∶76（2010—2016）。[②] 其三，在生活环境方面，非洲地区使用改善饮用水源人口的比例为68%（2013—2016），低于发展中国家87%的平均水平；同期，该地区仍有70%的人口无法获得基

① African Development Bank, *Indicator on Gender, Poverty and Environment and Progress toward the Sustainable Development Goals in African Countries 2017*, Vol. XVIII, Abidjan, 2017, p. 3.

② Ibid., p. 31.

本的卫生设施；而电网覆盖率未及一半人口，非洲贫困人口的生活条件亟待改善。其四，在健康长寿方面，由于许多非洲国家公共医疗卫生的基本条件低下，2013—2016年，该地区产妇死亡率为5.5‰，5岁以下儿童死亡率为83‰；非洲地区人们预期寿命由2000年的54岁增加到62岁。[①] 其五，在社会性别平等方面，女性劳动参与率逊于男性，二者之比为85：100（2016）；近年来，妇女赋权情况有所改善，妇女占国家级议会席位的比例近1/4（2016），女性部长占总数的20%（2015）。[②]

表2-2　　非洲地区"可持续发展目标"（SDGs）进展监测

| 指标 | 2000 | 2010 | 2013—2016 |
|---|---|---|---|
| SDGs1.1 极端贫困（日均生活费不足1.9美元占比,%） | 55.6 | 45.7 | 41.0 |
| SDGs2.2 发育迟缓——身高指标（占5岁以下儿童百分比,%） | 43 | 38 | 35 |
| SDGs3.1 产妇死亡率（每10万活产婴儿） | 846 | 625 | 547 |
| SDGs3.2 5岁以下儿童死亡率（每1000名活产婴儿） | 154 | 101 | 83 |
| SDGs4.1 小学学业完成率（适龄儿童百分比,%） | 54 | 68 | 69 |
| SDGs5 女性与男性劳动参与率之比（%） | 81 | 84 | 84 |
| SDGs5.5 妇女占国家级议会席位比例（%） | 12 | 19 | 24 |
| SDGs6.1 获得安全饮用水（占人口百分比,%） | 55 | 63 | 68 |

① African Development Bank, *Indicator on Gender, Poverty and Environment and Progress toward the Sustainable Development Goals in African Countries 2017*, Vol. XVIII, Abidjan, 2017, p. 27.

② Ibid., p. 33.

续表

| 指标 | 2000 | 2010 | 2013—2016 |
| --- | --- | --- | --- |
| SDGs6. 2 获得基本卫生设施（占人口百分比,%） | 25 | 28 | 30 |
| SDGs7. 1 获得电力（占人口百分比,%） | 27 | 32 | 37 |
| SDGs7. 2 可再生能源消费（占总能源消费百分比,%） | 73 | 72 | 70 |
| SDGs17. 8 使用互联网的人口比例（%） | 0. 5 | 9. 8 | 22. 4 |

资料来源：《世界银行 2017 年度报告》（中文版），参见世界银行网站 http：//www. worldbank. org/en/about/what-we-do，2018 - 04 - 05。

因此，从动态看，过去二三十年，非洲依靠强劲的经济增速有力地改善了民众的健康与教育状况，女性赋权继续向前推进，使得大多数非洲国家取得了不同程度的减贫成效，非洲地区的减贫在持续取得进展；从静态看，非洲地区是全球贫困人口最为集中、贫困发生率最高的地区，减贫问题突出且迫切。非洲国家面临的艰巨的减贫任务，既需要其自身的努力，也需要加强减贫国际合作。

## 二　中国的经济发展与减贫成就

### （一）中国减贫政策发展的历史轨迹

中华人民共和国成立后，中国政府始终高度重视缓解和消除贫困问题，特别是自 1978 年改革开放以来，中国政府将工作重心转向经济建设，以期尽快改变中国的贫困落后面貌。政府积极探索实现大规模减贫的新思路，开始了国家减贫政策的探索与调整。1984年，中共中央、国务院联合发出了《关于帮助贫困地区尽快改变面貌的通知》，1986年成立国务院扶贫开发领导小组，由此拉开了经济体制改革条件下中国贫困地区经济开发的帷幕，在全国展开了有组织、有计划的大规模的扶贫工作，并确立了政府主导的反贫困方式，划定重点扶贫区域，扶贫开发方针从单纯分散救济转向以增强贫困地区和贫困人口自身生产能力的开发援助。[①] 1994年，中央政府制订并实施《国家八七扶贫攻坚计划》，以解决极端贫困人口的温饱问题为努力方向，扶贫行动的方针由以区域经济发展带动扶贫工作调整为直接面对最贫困人口。1997年8月，为加强国家扶贫资金的管理，国务院制定并实施了《国家扶贫资金管理办法》。针对国内贫困问题从普遍性、区域性、绝对性向点、片、线分布和相对贫困演变的变化，中国政府适时调整减贫战略，于2001年决定并开始实施《中国农村扶贫开发纲要（2001—2010）》，将减贫工作着力点从贫困县转向贫困村，用参与式方法自上而下制定扶贫开发规划，依据规划推进扶贫工作。2007年，以政府在全国农村建立最低生活保障制度为标志，农村基本形成了涵盖开发式扶贫、

① 参见赵曦《中国西部农村反贫战略研究》，人民出版社2000年版，第9页。

救灾救济、“五保”制度和“低保”制度在内的比较完备的反贫困政策体系。同期，城市的开发性、预防性和救助性反贫困政策体系也逐步得到完善。[①] 2008年10月，中国共产党十七届三中全会通过的《中共中央关于推进农村改革发展若干重大问题的决定》明确指出，对低收入人口全面实施扶贫政策。2011年12月，中共中央、国务院印发了《中国农村扶贫开发纲要（2011—2020）》，确定了将集中连片特殊困难地区作为扶贫脱贫主战场，相继制定了《集中连片特殊困难地区区域发展与扶贫攻坚规划》。新纲要更加关注解决增加贫困人口收入、提高贫困人口的能力问题。

进入21世纪第二个十年，中国农村大部分贫困人口的基本温饱问题得到解决，扶贫工作需要更加精细、针对性更强，不断创新扶贫机制建设。在此情况下，2013年12月，中共中央办公厅、国务院办公厅印发了《关于创新机制扎实推进农村扶贫开发工作的意见》。该文件对中国扶贫开发工作作出战略性创新部署，提出建立精准扶贫工作机制。2015年11月，中共中央政治局召开会议审议通过了《关于打赢脱贫攻坚战的决定》，强调把精准扶贫、精准脱贫作为基本方略，体现为“六个精准”，即扶贫对象精准、项目安排精准、

① 参见中国国家统计局网站 http：//www. stats. gov. cn/tjsj/tjgb/ndtjgb/qgndtjgb/201302/t20130221_ 30027. html, 2014 - 01 - 26。

资金使用精准、措施到户精准、因村派人精准和脱贫成效精准，坚决打赢脱贫攻坚战。从上述国家扶贫规划顶层设计的相关文件可以看出，中国的扶贫指向由贫困县到贫困村，再到贫困人口，中国政府自上而下根据中国经济与社会发展的情势，制定不同阶段减贫的着力点，扎实推进减贫工作。

## （二）中国的减贫成效

自改革开放以来，中国的经济发展与减贫事业取得了突出成绩。根据世界银行统计的数据，1981—2005年间，中国实行了农村经济体制改革，经济迅速增长，国内生产总值增长了4倍；[①] 2010—2016年，中国的经济增长由10.6%变化为6.7%，人均国内生产总值（按购买力平价计算）由9292美元提高到15470美元（参见表2－3）。与此同时，中国经济发展从注重数量扩张向提升内在质量转型，加大供给侧改革，不断优化产业结构，第一产业在国内生产总值中的比例下降。到2017年，农业、工业和服务业三大产业在国内生产总

① Shaohua Chen and Martin Ravallion, *The Developing World is Poor than We Thought, But No Less Successful in the Fight against Poverty*, Development Research Group, World Bank, August 2008, pp. 32－36, http://siteresources.worldbank.org/JAPANINJAPANESEEXT/Resources/515497－1201490097949/080827_The_Developing_World_is_Poorer_than_we_Thought.pdf, 2009－05－20.

值中的比例为7.9∶40.5∶51.6。新动能、新产业、新业态加快成长。2017年，规模以上工业战略性新兴产业增加值比上年增长11.0%，高技术制造业增加值增长13.4%，装备制造业增加值增长11.3%。①

表2-3　中国主要经济与社会发展指标

| 指　标 | 1990 | 2000 | 2010 | 2016 |
|---|---|---|---|---|
| 国内生产总值（亿美元） | 3608.6 | 12113.5 | 61006.2 | 111991.5 |
| 国内生产总值增长率（%） | 3.9 | 8.5 | 10.6 | 6.7 |
| 人均国内生产总值（按PPP计算，美元） | 990 | 2900 | 9292 | 15470 |
| 贫困发生率（%） | 66.6 | 40.5 | 11.2 | 1.9 |
| 出生时预期寿命（岁） | 69 | 72 | 75 | 76 |
| 5岁以下儿童死亡率（每1000名活产婴儿） | 54 | 37 | 16 | 10 |
| 5岁以下儿童体重不足者比率（%） | 12.6 | 7.4 | 3.4 | — |
| 小学学业完成率（适龄儿童百分比,%） | 103 | — | 110 | 92 |
| 获得安全饮用水（占人口百分比,%） | 67 | 80 | 91 | 96 |
| 获得基本卫生设施（占人口百分比,%） | 48 | 59 | 71 | 77 |
| 移动电话拥有量（每千人，部） | 0 | 6.7 | 63.2 | 96.9 |
| 个人使用互联网的人数（占人口百分比,%） | 0 | 1.8 | 34.3 | 53.2 |

资料来源：http：//databank.worldbank.org/data/views/reports/reportwidget.aspx?Report_ Name = CountryProfile&Id = b450fd57&tbar = y&dd = y&inf = n&zm = n&country = CHN，2018-04-05。

经济的快速增长也加快了中国贫困人口脱贫的步

① 《中华人民共和国2017年国民经济和社会发展统计公报》，载中国国家统计局官网http：//www.stats.gov.cn/tjsj/zxfb/201802/t20180228_1585631.html，2018-04-05。

伐。根据中国政府制定的贫困标准，中国农村贫困人口数量从1978年的2.5亿下降为2012年（按照中国2300元/年的贫困标准）的9899万人，贫困发生率下降到10.2%；[①] 到2017年年底，又有6000多万贫困人口稳定脱贫，全国农村贫困人口为3046万，贫困发生率进一步降为3.1%。[②] 若以当今人均日收入不足1.9美元的新国际贫困线来衡量，中国的贫困发生率由1990年的66.6%下降到2000年的40.5%，2010年又陡降至11.2%，2016年则进一步变化为1.9%。[③] 中国在发展和减贫领域取得的成就彰明较着。

近40年来，中国居民的生活质量明显改善。城乡居民收入持续较快增长，人民生活从温饱不足发展到总体小康。1978—2017年，城镇居民家庭人均可支配收入由343.4元提高到25974元，农村居民家庭人均纯收入由133.6元提高到13432元。[④] 从表2-3可以

---

① http://bbs.tianya.cn/post-free-3090534-1.shtml，2014-01-26.

② 习近平：《决胜全面建成小康社会 夺取新时代中国特色社会主义伟大胜利——在中国共产党第十九次全国代表大会上的报告》（2017年10月18日），人民出版社2017年版，第5页；新华网：http://www.xinhuanet.com/finance/2018-02/01/c_129803536.htm，2018-07-04。

③ http://databank.worldbank.org/data/views/reports/reportwidget.aspx?Report_Name=CountryProfile&Id=b450fd57&tbar=y&dd=y&inf=n&zm=n&country=CHN，2018-04-05.

④ 《中华人民共和国2017年国民经济和社会发展统计公报》，载中国国家统计局官网 http://www.stats.gov.cn/tjsj/zxfb/201802/t20180228_1585631.html，2018-04-05。

看出，中国已提前达到了部分“可持续发展指标”，如在粮食安全方面，2017 年，中国居民人均粮食消费量为 444.5 公斤，已完全能满足贫困人口的消费需求。其他指标，如降低婴儿和 5 岁以下儿童死亡率、安全饮用水和卫生设施等方面也已进入正轨，有望在 2030 年或提前达标。中国居民生产质量的提高还体现在消费支出结构的变化（参见图 2－3），人们消费层次提升。2017 年，中国居民恩格尔系数为 29.39%，[①] 进入了联合国划分的 20%—30% 富足区间。这印证了中国社会发展已经从过去温饱阶段逐步发展过渡到小康阶

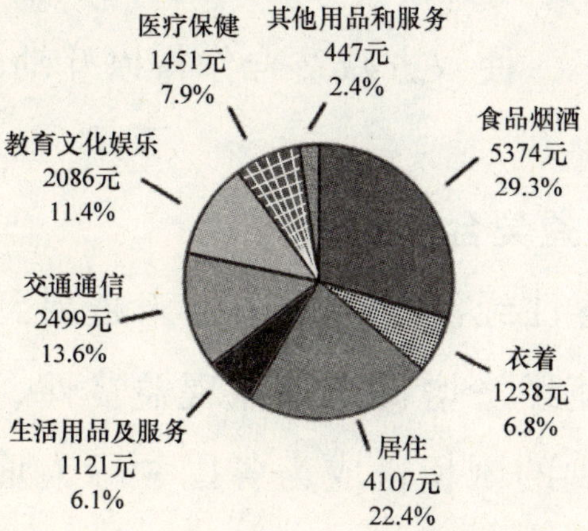


**图 2－3　2017 年中国居民人均消费支出及其构成**

资料来源：《中华人民共和国 2017 年国民经济和社会发展统计公报》，载中国国家统计局官网 http：//www. stats. gov. cn/tjsj/zxfb/201802/t20180228_ 1585631. html，2018－04－05。

---

① http：//news. 163. com/18/0330/16/DE5JS9J300018AOQ. html，2018－04－05.

段。中国“互联网+”与传统消费领域正在加速融合，电子商务、共享经济等新型消费业态也发展迅猛，尤其是中国的“新四大发明”——高铁、扫码支付、共享单车、网购正在丰富人们的日常生活，并推动全球进步。

## 三　中非减贫合作的基础

世界上任何一个国家在发展道路的探索上，需要依靠自身内在力量，同时也需要有选择地借鉴“他山之石”，在减贫与发展领域亦如此。况且，中非之间还存在以下因素，使双方减贫合作得以互动。

### （一）利益契合点

随着包容性经济增长方式越来越得到非洲国家的认同，如何使经济增长充分体现益贫性、摆脱“有增长、无发展”的困境，成为各国领导人面临的重要议题。另外，非洲部分国家出现的恐怖主义滋扰、政局动荡现象，归根到底是发展不足、民生问题未得到有效解决造成的。基于此，摆脱国家贫困、落后、不发达状态成为它们的共同诉求，并相应制定了经济与社会可持续发展的战略与政策。在全非层面，2001 年第 37 届非统组织首脑会议提出的《非洲发展新伙伴计划》(*the New Partnership for Africa's Development*)其宗旨就是解决非洲大陆面临的贫困加剧、经济落后和边缘化等问题，因此消除非洲贫困是该计划的核心议题之一。这一非洲国家自主制定的全面规划非洲政治、经济和社会发展目标的蓝图，体现了非洲大陆的整体发展战略与政策。[①] 2004年9月8—9日，非洲联盟国家元首和政府首脑在布基纳法索的瓦加杜古举行了有关非洲就业与减贫的特别峰会，会议通过了《瓦加杜古宣言》(即《非洲就业、消除贫困及包容性发展宣言》，*Declaration on Employment, Poverty Eradication and Inclusive Development in Africa*)及《行动计划》(*Action Plan*)，提出了实现就业、减贫与经济包容性增长目标。[②] 而2015年非盟宣布的《2063年议程》(*Agenda 2063*)，提出了包括“基于包容性增长和可持续发展的繁荣的非洲”等实现非洲复兴的七大愿景(或目标)，其中诸多内容涉及减贫与发展问题。在减贫时间表方面，该动议提出，非洲人民经过持续努力，“在2025年前利用一代人的时间来根除贫困问题”，包括

---

① 参见《非洲发展新伙伴计划》原文，http://www.nepad.org/2005/files/documents/inbrief.pdf，2009-03-18。

② 关于《瓦加杜古宣言》和《行动计划》的内容，参见https://www.tralac.org/news/article/5987-extraordinary-summit-of-the-african-union-on-employment-poverty-eradication-and-inclusive-development-ouagadougou-burkina-faso.html，2018-05-12。

实现将青年发育不良率降至10%、儿童体重不足率降至5%以下、根除饥饿和食品安全问题（减少食品进口量，提升非洲内部的农业及食品交易，提高当前交易总量的一半）等具体减贫目标。① 值得一提的是，非盟将中国列为践行《2063年议程》的五大战略合作伙伴（即欧盟、美国、日本、中国和印度）之一。在国别层面，非洲国家中长期发展规划都聚焦于包容性经济增长、创造就业、性别平等、基础设施建设等与减贫密切相关的领域。因此，非洲大陆无论是地区层面还是国别层面的国家长期发展战略，都将减贫与发展问题置于战略目标的重要位置或列为优先发展领域，为非洲与外部国际社会减贫合作搭建了新平台。

而中国对非合作充分关切非洲国家的需要。20世纪50—70年代，在“援助—减贫”合作观指导下，中国对非援助政策突出体现为帮助非洲国家巩固民族独立、发展中非国家友好关系的目标与时代特点，为非洲国家进而实现国富民强奠定政治基础和减贫的基础条件。需要注意的是，《中国对外援助八项原则》的确立是中国对非关系中重要的政策宣示，为后来的中非减贫合作奠定了思想基础，其中所蕴含的平等互利、重在帮助受援国提高自身发展能力等要义一直延续至

① 非盟《2063年议程》的具体内容，参见非盟网站https：//au.int/en/pages/african-aspirations-2063，2018-05-12。

今。20世纪八九十年代，中国对非减贫政策体现为“经济增长—减贫”合作观。中方在优先考虑非洲国家发展需要的同时，适度体现中国的发展议程。中国政府继续秉承真诚友好、尽力援助等合作理念。中国对非政策的“变”与“不变”，与双方社会发展的变化情势相契合。若聚焦于中国对非减贫政策这一点，以强有力的经济增长产生改善非洲民众生活质量的减贫直接或间接效应，是这一时期的合作支点。进入21世纪以来，秉持“命运共同体”与“经济发展—减贫”合作观，中国对非减贫政策的特点是：树立正确的“义利观”，从构建命运共同体战略高度看待中非减贫合作；中非减贫合作成为中国对非政策的要语（如“摆脱贫困”“民生”等）之一；改善民生不仅是中国对非援助政策的重心，而且中国政府积极倡导对非减贫合作主体的多元化，减贫合作已超越原有援非行动框架；中国对非减贫合作趋向于综合施策。

综上所述我们可以看出，时间的推移、世事的变迁和中非双方国家的发展变化，无论从非洲国家本身的经济发展战略，还是从中国对非政策的发展来看，使非洲广大民众实现发展权，并免于饥饿和贫困，已成为中非双方的共同诉求。中非双方减贫合作政治意愿日益强烈，推动非洲民生改善已提上双方合作的重要议程，责任感、急迫感渐增。强烈的减贫政治意愿与战略共识是中非减贫合作的利益契合点。

## （二）内在驱动力

从20世纪80年代开始，中国成功实现了大规模减贫，有6亿多人摆脱贫困，被世界银行称为“迄今人类历史上最快速度的大规模减贫”。中国的减贫经验为域外国家所惊羡，尤其是引起非洲国家的关注。正如南非斯坦陵布什大学中国研究中心研究员伊曼纽尔·伊格比诺巴（Emmanuel Igbinoba）所言，中国减贫策略为非洲带来参考和经验。这主要是基于中非贫困化特征的某些相似性：其一，从中非贫困人口地理分布来看，相对集中于经济条件较差的农村，体现为区域性贫困的特点。中国和非洲农村贫困人口占总贫困人口的比例分别是90%和70%，因此农民是减贫的主要目标人群，解决农村贫困问题是中非国家减贫的关键。其二，从国民收入水平看，贫困的不平等性突出，即在国家内部，社会各个收入阶层在财富增长方面存在高度不均衡现象，尤其穷人收入的增速远远低于富人收入的增速。如果用国际上通用的基尼系数来测量，据不完全统计，目前非洲有32个国家基尼系数超过0.4的国际警戒线。中国在财富分配方面亦存在较为严重的财富不均问题，长期以来，基尼系数在0.4—0.5徘徊。其三，从贫困程度与维度看，存在贫困程度深与多维贫困现象。目前，撒哈拉以南非洲贫困差距指数达到20%以上，而且在健康、教育和生活水平方面均较为低下，与中国八九十年代的情形类似。这充分反映了非洲国家减贫的艰巨性和长期性。其四，中非减贫合作具有独特优势。中国与广大非洲国家同属于发展中世界，同一地理区位。相似的历史遭遇、实现国富民强的历史任务，使双方在彼此沟通、理解、合作方面具有比较优势。这种减贫特点的相似性，为中非双方减贫合作提供了前提条件。其五，中非减贫成效的迥异，使双方减贫经验互享成为可能。因此，贫困基本特征的趋同性是中非减贫合作的内在驱动力。如前所述，与非洲国家相比，中国开始大规模、有组织的减贫行动起步要早。当前，从中非双方减贫发展演变的最终结果看，非洲大部分国家尚处于生存型贫困①向温饱型贫困②过渡阶段，而中国则步入由温饱型贫困迈向发展型贫困③之路。中国各地区通过大量减贫实践，形成了日渐成熟且有成效的减贫做法，坚持政

① 生存型贫困是指生产资料匮乏，满足不了基本需要，解决食物和衣物成了主要的奋斗目标；基本生活没有保障，生存受到威胁。

② 温饱型贫困是指在正常条件下，食物和衣物能够得到供给，但经济发展还很困难，生活水平还很低，抵御灾害的能力还很弱，食物和衣物的供给还缺乏可靠的基础，收入水平制约着进一步的发展，实现小康的道路还很漫长。

③ 发展型贫困是指在解决吃饭、穿衣等基本生存问题之后进一步发展过程中的相对贫困。

府主导及社会力量参与的方式、合理利用国际援助的经验[①]等，值得对方结合国情，进行有选择的借鉴。

德国全球与区域研究所主任罗伯特·卡佩尔曾谈道："在某种程度上，非洲和中国很类似，国土面积大、复杂多样，比起西方国家，中国的减贫做法和经验对非洲的借鉴意义可能更大。"当然，中非减贫经验分享并不是单向的，而是具有双向互动性。

### （三）机制保障

自1956年中国与埃及建立外交关系伊始，中非关系发展迅速，形成稳定而全面的合作关系，到2015年年底，中非关系定位已提升为全面战略合作伙伴关系，双边合作领域和层级不断拓宽和丰富，包括中国与非洲国家双边委员会、战略对话、外交部政治磋商、经贸联（混）合委员会等机制。尤其是2000年中非双方共同创立的中非合作论坛，现成为中国与非洲国家开展集体交流与对话的有效机制和深化务实合作的重要平台。其中，以民生援助为特色的中国对非援助也被纳入中非合作论坛机制化框架，其特点是：每三年召

① 与非洲国家不同的是，国际社会对中国的减贫援助最主要的贡献不是提供资金，中方大多以国际援助项目为载体，引进国际机构丰富的发展经验和大量的扶贫方法，如参与贫困评估、减少贫困的性别层面以及贫困监测方面创新的方法，使其在实践中得到验证和推广，这些对中国扶贫开发的理论、政策、方法、制度建设等方面产生了积极影响。

开一次部长级会议，中国在会议上都会分别推出一揽子三年期合作宣言，并通过具体的行动计划加以落实。2000 年中国政府在北京召开了中非合作论坛——北京 2000 年部长级会议，标志着中非国家间在平等互利基础上的集体对话机制正式建立。2003、2006、2009、2012 和 2015 年，论坛第二届、第三届、第四届、第五届和第六届部长级会议分别在亚的斯亚贝巴、北京、沙姆沙伊赫、北京和约翰内斯堡举行。

2000 年 10 月 12 日，“中非合作论坛——北京 2000 年部长级会议”通过的《中非合作论坛北京宣言》提到，“贫困的加剧正严重地影响着非洲的发展；……赞赏非洲国家和国际社会与艾滋病、疟疾和其他传染病进行的斗争以及为消除贫困所作出的努力和采取的行动。……赞赏近期特别是为缓解非洲国家的债务和消除贫困而加速实施的重债贫国计划，大力推动中非共同发展”[①]。2006 年 11 月，中非合作论坛北京峰会暨第三届部长级会议的主题是“友谊、和平、合作、发展”，会议通过的《中非合作论坛北京峰会宣言》就指出：“中国支持非洲国家实施‘非洲发展新伙伴计划’。”[②] 2009 年 11 月 8 日，时任中国国务院总理温家

① 《中非合作论坛北京宣言》，载《人民日报》2000 年 10 月 13 日第 7 版。

② 《中非合作论坛北京峰会宣言》，参见中国外交部网站 http：//www. fmprc. gov. cn/ce/cech/chn/xnyfgk/t278880. htm，2018 - 05 - 12。

宝在中非合作论坛第四届部长级会议开幕式上的讲话中，对中非合作提出了五点建议，其中重要一点即“落实千年发展目标，改善非洲民生。发展经济、消除贫困、改善民生，是非洲国家的首要任务。中国将继续在力所能及范围内增加对非援助、减免非洲国家债务，优化对非援助结构，使援助项目进一步向农业、教育、医疗卫生、减贫、清洁饮用水等攸关民生的领域倾斜，帮助非洲尽早实现联合国千年发展目标”。2015 年，在中非合作论坛第六届部长级会议上，习近平在会议开幕致辞中提出了中非“十大合作计划”，“增加对非援助，在非洲实施 200 个‘幸福生活工程’和以妇女儿童为主要受益者的减贫项目；免除非洲有关最不发达国家截至 2015 年年底到期未偿还的政府间无息贷款债务”①。

从上述实例中，我们可以看出，减贫问题在中非合作中的地位提升，现已成为双方合作中不可或缺的内容。而且，中非双方还定期召开中非合作论坛高官会议和后续工作委员会等。当临近承诺节点期到来之际，中方都会逐一向非方通报相关合作计划的履行情况。

另外，2014 年 5 月，中国与非盟签订的《中国和

① 习近平：《开启中非合作共赢、共同发展的新时代》，（2015 年 12 月 4 日），载《人民日报》2015 年 12 月 5 日第 2 版。

非洲联盟加强中非减贫合作纲要》提出，利用“中非减贫与发展会议”机制开展双方减贫合作，共同为中非和世界民生福祉的改善作出贡献。这些机制在一定程度上增强了中非国家在援助事宜上的沟通与协调，确保双方合作落到实处。由此可见。双方实施机制逐渐走向健全，中国与非洲国家正在形成减贫合作开发的合力。

# 第三章　中非减贫合作的路径与内容

中国对非减贫合作肇始于官方层面的对非援助，随着中非关系多层次深入发展，企业与非政府组织也参与到中非减贫合作之中，现形成政府、企业、非政府组织三大合作主体，并呈现对非减贫合作的良好互动。

## 一　政府层面的减贫合作

中国与非洲国家政府间的减贫合作起初是在援助框架下进行的。中国政府从 20 世纪 50 年代就开始了对非援助，把对外援助作为中国应尽的国际主义义务与责任担当。

### （一）减贫合作的内容与成效

从中国援非历史发展的纵向脉络看，中国对非援助力度逐渐加大，并进一步优化援助结构，突出重点领域，创新援助方式，提高资金使用效率，努力帮助受援国改善民主，增强自我发展与减贫能力。

第一，通过向非洲国家提供政府无息贷款或无偿援助援建成套项目，促进当地经济社会发展，增加税收和就业，改善当地人民的生活条件，提高自身发展能力。其一，为非洲国家积极援建各类公共设施，涉及建设公路、铁路、桥梁、住房、打井供水、清洁能源、政府设施、体育场馆、广播电视和通信设施等公共福利项目。据中国商务部统计，仅2016年，中国政府就在津巴布韦、加纳、埃塞俄比亚等16个非洲国家新竣工22个成套项目，新开工28个成套项目，[①] 这些公共福利项目对提高当地人民生活水平发挥了积极作用。例如，中国政府对埃及航天领域无偿援建的埃及卫生总装测试集成中心项目，会全面提升该国宇航工业基础能力；中国援建的设施齐全、功能先进的加纳海岸角体育场项目，包括体育场、室外篮球场、乒乓球室、拳击训练场等多个场馆，将会为当地民众参与体育活动提供良好的条件；中国援助埃塞俄比亚阿巴—萨姆尔水电站（埃塞俄比亚第一座水电站，始建于1939年）修复项目是中国援非100个清洁能源项目

---

① 商务部国际贸易经济合作研究院编：《中国与非洲经贸关系报告2017》，内部印刷，2010年，第17页。

之一，该水电站的正常运转不但为当地补充提供电力供应，而且为当地增加了就业；位于肯尼亚西部欧鲁赤灌溉二期工程援建项目的竣工，解决了当地5000多户农民的生活用水与农田灌溉问题，有效增加了当地农民的人均收入。

第二，持续开展多种形式的农业合作。粮食安全关乎满足贫困人口基本生存需要的要事，因此从20世纪60年代至今，中国政府就一直把农业合作作为中国对非援助的重要内容，共援建了200多个涉农项目，主要包括农场、农业技术示范中心、农业技术实验站和推广站、农田水利和农业技术合作项目等。此外，中国政府每年还安排一定资金，用于涉农人力资源培训，并向非洲国家提供粮食、农业设备和农用物资等。2016年，根据中非合作论坛约翰内斯堡峰会中非农业现代化合作计划，中国在非洲实施了援助赞比亚玉米粉加工厂等24个“农业富民工程”项目，向埃塞俄比亚、贝宁、几内亚比绍、布隆迪等非洲国家派遣了41批农业专家，与苏丹农业研究中心共同实施农业研究与发展合作项目，等等。中国在非洲实施的这些援助项目涉及农业基础设施建设、粮食生产、养殖业、农业实用技术交流和转让、农产品加工和储运等领域，有助于推动非洲农业发展与减贫。

第三，通过援建医院、派遣医疗队、提供传染病防控援助、捐赠药品和医疗物资等方式，帮助非洲国家改善医疗卫生条件，做好疾病防控工作。据统计，截至2016年年底，中国共向48个非洲国家派出了两万余人次的援外医疗队，现在有42支医疗队1100余名医疗队员在非工作。[①] 其中2016年，中国政府第四批援马拉维医疗队共16名队员，包括内科、外科、妇产科、放射科、麻醉科等多个专业的医疗专家在该国从事治疗病患的医疗服务。此外，中国政府还在中非20所医院开展示范合作，已完成莫桑比克疟疾防治中心等11个项目。2017年，中国向南苏丹提供了用于帮助该国防治霍乱、阻止疫情蔓延的现汇援助，以及向朱巴教学医院赠送了救护车，除常规配置外，加装了呼吸机、除颤仪、腹腔镜等医疗设备。这些援助对于受援国改善医疗卫生条件、提高疾病防控水平、加强公共卫生能力建设十分有利。

第四，开展人力资源培训与合作，帮助非洲国家提升人力资源水平，满足国家发展的需求。为非洲留学生提供政府奖学金、开展管理与各类技术培训、派遣志愿者、举办有关减贫与发展的研修班，是中国政府帮助非洲国家培养各类技术人才或提供相关服务的主要举措。截至2016年年底，中国政府为非洲国家举

① 商务部国际贸易经济合作研究院编：《中国与非洲经贸关系报告2017》，内部印刷，2010年，第18页。

办了多边培训项目 540 余期，累计培训 1.4 万余人，培训内容涵盖经济、公共行政管理、农牧渔业、医疗卫生、科技、环保等 17 个领域 80 余个专业。此外，中国还在许多非洲国家开展了种植业、养殖业、渔业、编织、刺绣、皮革加工等实用技术培训。同期，中国政府在援外项目下已向非洲 16 个国家派遣 500 余名志愿者，提供了汉语教学、医疗卫生、体育教学、信息技术、国际救援等 20 多个领域专业的志愿服务。[①] 为落实习近平 2015 年在联合国成立 70 周年系列峰会上的承诺，北京大学于 2016 年 4 月成立了南南合作与发展学院。首期班共有 28 名硕士研究生和 21 名博士研究生，分别来自埃塞俄比亚、布隆迪、厄立特里亚、津巴布韦等亚非拉欧国家，学习领导力、发展经济学和国家发展等课程，为推进联合国 2030 年可持续发展议程、推动广大发展中国家实现国家治理体系和治理能力现代化提供人才支撑。上述援外培训与人力资源开发合作有助于提升受援国自主发展能力。

第五，减免非洲国家欠华债务与筹资，以实际行动推动国际社会对非减债进程。在 2000 年第一届中非合作论坛部长级会议上，中国政府宣布免除非洲重债穷国和最不发达国家 100 亿元人民币对华政府债务。

---

① 商务部国际贸易经济合作研究院编：《中国与非洲经贸关系报告 2017》，内部印刷，2010 年，第 18 页。

事实上，从2000—2009年，中国已免除35个非洲国家的312笔债务，总计189.6亿元人民币。[①] 这一举措不仅体现了中国帮助非洲国家实现减贫与发展的愿望和决心，也为非洲国家切实减轻了对外债务负担，从而能将更多的资金用于本国经济建设与社会发展事业。2015年，在中非合作论坛约翰内斯堡峰会上，中国政府承诺提供600亿美元合作基金，其中50亿美元属无偿援助和无息贷款，主要为非洲国家减贫、卫生、农业和生态环境保护等领域的发展提供帮助，改善非洲人民的民生福祉。在此次会议上，中方还提出为非洲中小企业发展专项贷款再增资50亿美元，以推动非洲工业化的发展，创造更多的就业机会，由此产生更多的经济和社会效益。

第六，开展减灾、救灾，为非洲国家提供力所能及的人道主义援助。“一方有难，八方支援。”当非洲国家遭受自然灾害、流行疾病与战乱之时，中国政府本着“以人为本”的人道主义精神，履行国际道义准则，积极参与紧急人道主义救援，提供紧急现汇或物资援助。2011年，东非地区遭受近60年来最为严重的干旱和饥荒。中国政府先后三次向埃塞俄比亚、肯尼亚、吉布提、索马里等非洲之角国家提供总额为4.4

① 商务部国际贸易经济合作研究院编：《中国与非洲经贸关系报告2017》，内部印刷，2010年，第18页。

亿元人民币的粮食援助和粮援现汇。[①] 2014 年，西非国家爆发埃博拉疫情，当地人民生命受到严重威胁。中国政府第一时间向有关国家和国际组织提供援助，先后分五次提供总计 7.5 亿元人民币的现汇和物资援助，并派遣医疗专家组，提供生物实验室等紧急救护设备和设施等。2015 年 12 月，安哥拉罗安达省维亚纳市爆发黄热病。为防止疫情进一步扩散，中国政府向安哥拉政府提供了 50 万美元的紧急现汇援助，用于安哥拉政府及时采购黄热疫苗。2017 年 8 月，南苏丹受内战影响，该国部分地区爆发饥荒，全国面临严重的粮食危机。中国政府向苏丹紧急提供了约 9700 吨大米的粮食援助。2017 年 10 月，针对马达加斯加鼠疫已造成当地百余人死亡的情势，中国政府启动了对外人道主义紧急援助响应机制，迅速制定紧急救援方案，中国疾控中心专家组一行 6 人赴马达加斯加，帮助当地开展鼠疫防控工作。[②] 可以说，这些雪中送炭的人道主义援助，有效帮助受援国减轻了灾害影响，有助于减少因灾致贫现象的发生。

政府项下对非洲国家提供的各类有效援助，中国外交部、商务部、农业部、教育部、卫健委等政府相

① 参见《世界知识》2011 年第 20 期，第 10 页。

② https：//www.thepaper.cn/newsDetail_ forward_ 1840633，2018 - 05 - 13.

关部门逐一将计划付诸实施。有组织、有计划，力度大，能够结合非洲国家的实际需求和中方能力优势，有力配合了非洲国家的减贫行动，有助于帮助非洲国家改善民生和促进经济社会发展。

## （二）案例分析

1. 中国—莫桑比克农业示范中心

在非洲援建中国农业示范中心是进入21世纪以来中国对非农业援助的新举措，缘起于2006年在北京召开的中非合作论坛第三届部长级会议。在这次会议上，中国政府承诺在非洲援建14个农业技术示范中心，负责为非洲国家试验、示范和推广农业种植技术、培训农业技术人才，解决粮食安全问题。在国别和建址选择方面，在充分考虑受援国需求的同时，中方尽量选择具备一定自然条件（即包括土地资源、水气资源等因素）的农业发展适宜地区。2007年2月9日，“中国—莫桑比克农业示范中心”正式揭牌，这是中国在非洲建立的首个农业技术示范中心。目前，中国政府已经在非洲建立了20多个农业技术示范中心。

在运作模式方面，农业技术示范中心项目的投资主体是政府，运行主体是企业（即由地方政府推荐的农业技术示范中心的承办企业），因此每个项目的运行管理均主要由懂农业的经营主体来承担，以期实现项目的可持续发展。中国—莫桑比克农业示范中心（以下简称“中莫农技中心”）由湖北省农垦事业管理局委托的湖北省联丰海外农业开发集团负责，总面积52公顷。从2009年开工建设并运营至今，经历了建设（2009—2011）、技术合作（2012—2015）和商业运营（2015年以来）三个发展阶段。中莫农技中心虽仅仅运营几年时间，但为当地经济与社会发展作出了一定贡献。①

首先，开展农作物试验种养，丰富了当地民众的农获物。来自中国国内的农技专家来到莫桑比克后，首要的工作就是找寻到适合在当地种植的农作物种子。为此，他们除了在杂草丛生的盐碱地开荒挖渠、翻洗土壤、改良土壤酸碱度以外，还把从国内带去的粮食、蔬菜种子进行适应性种植、品种（包括水稻、玉米、棉花、芝麻、大豆及各种蔬菜等）比较、肥料试验及其他各项试验，筛选适应性强的优良品种及配套栽培技术，为进一步推广提供科学依据。经过试种，专家们从中优选出适合非洲莫桑比克当地气候、水质、土壤的农作物种子，包括水稻“粤农丝苗”“黄华占”，玉米“香格里拉”等粮食作物，棉花“鄂杂棉26

① 笔者曾于2018年4月17日，赴湖北省国营大沙湖农场专访中莫农技中心前主任（2015年4月—2017年7月任中心主任），2018年4月24日赴位于马普托市的中莫农技中心进行实地调研。以下关于中莫农技中心的数据系中心提供或调研所得。

号”，以及球白菜“强力50”、“寒春9号”、“鄂豇26号”豇豆、“金泰热霸”辣椒、“岭南10号”茄子、“晶华春”白萝卜、“改良青杂三号”大白菜等经济作物。在此基础上，中莫农技中心开展了示范种养，包括：一是水稻、玉米、棉花、大豆、芝麻等大田作物的试验示范，2016年水稻种植面积达到200亩，玉米面积100亩，累计试验示范各类农作物品种80多个。二是甘蓝类蔬菜，如白菜、大白菜、萝卜、莴苣、菠菜、茼蒿、雪里红、大葱、豆角、西红柿、辣椒、茄子、韭菜、黄瓜、冬瓜、南瓜、丝瓜、苦瓜、空心菜等30多种蔬菜的试验示范，2016年蔬菜种植面积达100亩，累计试验示范各类蔬菜品种80多个。三是牲畜饲养，主要是养猪示范。示范种养丰富了莫桑比克农产品收获物与居民的“菜篮子”，对于改善当地人民的饮食结构起到了重要作用。莫桑比克现有约1/4人口处于营养失衡状态。而营养丰富的农产品供应当地市场，逐渐为更多的民众食用，从而为塑造民众的健康体魄作出了贡献。

其次，中莫农技中心注重对当地人员进行技术转移。2017年年底，在中莫农技中心工作的中方人员10人，莫方人员现有固定工人40人，临时雇工100多人。在中方农业技术专家言传身教的指导下，在示范中心工作的当地工人都能熟练掌握相关种植技术。在示范中心工作了三年的当地人乔治说："以前我没种过庄稼，但我在这里学会了很多东西，水稻、玉米、球白菜我都会种了。"又如，中莫农技中心周边的 Manguiza 村一个农户对西瓜种植颇感兴趣，示范中心遂安排农业专家到他的农田手把手地指导，从整地、播种育苗、管理进行全程跟踪服务，帮助他种植西瓜 30 亩，取得了较好效果。此外，中莫农技中心周边的 PSK 村的一个农户，看了示范中心种植的水稻，也表现出对种植水稻的浓厚兴趣，但是他既没有钱，也没有技术，中莫农技中心免费提供秧苗，还帮助他整地，指导他进行田间管理，最终还包回购他种植的稻谷，让他感动不已。中莫农技中心由此成为当地一道亮丽的风景线，得到当地政府及老百姓的高度评价，纷纷盛赞"中国专家了不起"。

最后，举办农业技术培训班，注重农技知识传播与人员培训。截至 2017 年年底，中莫农技中心共举办技术培训班 26 期，培训对象包括莫桑比克农业官员、农业技术人员、农业生产经营个体等，培训人员达 1000 多人次。

总体看，中莫农技中心的上述工作，有助于提升当地农业技术水平，从而提高其自身农业发展能力。科技是第一生产力，非洲农业的增长离不开农业研发与技术推广。在短短的过去几年时间里，中莫农技中心在当地运营与发展中创造了高农业生产率。示范中心种植的200亩水稻全部采用的是从中国引进的优质水稻品种“粤农丝苗”，全生育期不使用农药，表现产量高、品质好，深受市场欢迎。通过中方农技专家的努力，示范中心的稻谷单产达到每亩约1200斤，远远超过当地人亩产四五百斤的水平。又如，他们从国内引进了6个特种玉米品种在示范中心的土地上种植，单产亦超过当地，尤其是其中的“荆花糯6号”玉米亩产更是达到了1000公斤（每亩玉米棒的鲜重）的高产，为当地玉米产量的数倍，而且玉米口感更佳。此外，从国内引进的“鄂杂棉26号”亩产籽棉产量达到400公斤。但毕竟农技中心的工作范围有限，如何实现以农业技术为驱动、充分开发当地农业资源、提升莫桑比克的粮食与农业发展水平，仍需中莫双方持续探索与努力。

2. 中国援助利比里亚竹藤编技术培训项目

竹藤编技术培训项目是中国政府为帮助利比里亚战后重建、由商务部委托万州国际经济技术有限公司于2007年实施的对非援助项目之一。自项目执行至今10年来，已实施了五期合作。

在利比里亚，自然基础条件较好，森林覆盖率约为50%，竹藤原料资源丰富，主要用于家庭燃料，国内市场仅有少量竹藤编产品销售。而且，由于受内战影响，利比里亚国内战后失业率较高，达80%，创造谋生之道为当地人迫切所需。竹藤编技术要求不高，简单易学，符合当地文化素质不高的社会现状。正基于此，中国在利比里亚实施了这一技能培训项目。

竹藤编技术培训班学员起初主要是战后难民、辍学学生与贫困农民，现在学员范围更为广泛。在项目实施阶段，主要培训内容包括：竹藤编基本理论知识、基本编织技巧、产品制作与研发等。经培训，结业学员普遍掌握独立制作竹藤编生活用品和生产用具等技能，包括制作凳、椅、席、床、书架、篓、篮、簸箕等物品，部分学员还达到了中级水平，掌握了制作大型成套家具的技能，竹藤编产品市场逐步扩大。该项目切实帮助利比里亚民众充分利用本地资源制造本地产品，有力实现“纯利比里亚制造”（Made in Liberia, Made by Liberia and Made from Liberia）的目标，已成为中国帮助利比里亚促进该国能力建设和自身发展的典型合作项目，在一定程度上推动了利比里亚竹藤产业的发展。

竹藤编技术培训虽然投入成本不大，却产生了良好的经济与社会效益。学员通过编织与销售竹藤产品，2011 年他们月收入超过 300 美元，甚至超过了当地政府公务员月均 70 美元的工资，有效帮助学员及其家庭摆脱贫困。截至 2017 年年底，累计为当地培养了 500

多名竹藤编织能手,[①] 其中很多人自谋职业，自主创业，已经开办了自己的竹藤加工厂，实现了自食其力，并带动了相当数量的当地人员就业。

此外，竹藤编技术培训项目组还利用培训产品，对该国的孤儿和残疾人进行帮扶，与位于蒙罗维亚的孤儿院结成帮扶对象，定期对孤儿进行帮扶，尽力支助在内战和疾病中而失去父母的47 名孤儿；向利比里亚副总统夫人喀土穆·博阿凯女士所领导的残疾人和孤儿组织“77 集团”（Group of 77）捐赠一批由培训学员编织的竹藤家具和项目专家节省的生活物资；向“青年犯罪观察”（Youth Crime Watch）儿童组织捐赠大量竹藤家具，等等。[②] 加深了中利两国人民的友谊。

该项目得到了利比里亚领导人的高度评价。时任利比里亚总统瑟利夫先后5 次实地考察该项目。2009年9 月，他在培训项目基地现场看到学员的作品后说：“竹藤编项目虽然较小，但对我们利比里亚人民的意义很大，利比里亚竹藤资源丰富，你们把竹藤编技术传授给利比里亚人民，推动了竹藤产业的发展，让我们

---

① 汪佳：《万州援利比里亚项目获商务部高度赞誉》，载华龙网 http：//say. cqnews. net/html/2017 -03/17/content_ 40988931. htm，2018 -05 -14。

② 商务部国际经济合作局：《竹藤蔬菜的利比里亚大“乾坤”》，载《国际商报》2018 年5 月7 日。

的人民摆脱了贫困，我很衷心地欢迎你们!”[①] 2016 年 10 月 21 日，瑟利夫出席了中国援利比里亚竹藤编及蔬菜种植技术合作示范项目成果展。他表示，这个项目真正在利比里亚落地生根，具有可持续性，有力推动了利比里亚自主发展进程。[②] 2018 年 4 月 12 日，利比里亚副总统泰勒参观了中国援助利比里亚的竹藤编项目基地。她指出，利比里亚有丰富的竹藤资源，中国政府援助的这个竹藤编项目，有助于利比里亚青年掌握谋生技能，丰富利比里亚市场产品，并改善利比里亚的出口状况。[③]

3. 非洲“光明行”项目

“光明行”项目是眼科医务工作者为贫困地区白内障患者免费实施复明手术，始于 2003 年。从 2008 年开始，“光明行”医疗队跨出国门，在朝鲜、柬埔寨、越南、蒙古等国为当地白内障患者送去光明。2010 年，中国民间组织国际交流促进会（以下简称“中促会”）与安徽外经建设集团、北京同仁医院、海南航空集团及中国民主促进会合作，首次赴津巴布韦、马

① 参见中国驻利比里亚大使馆网站 http：//yfdnews. mofcom. gov. cn/aarticle/s/200909/20090906501237. html, 2011 -03 -01。

② 参见中国外交部网站 http：//www. fmprc. gov. cn/web/zwbd_ 673032/gzhd_ 673042/t1407872. shtml, 2018 -05 -14。

③ 参见中国外交部网站 http：//www. fmprc. gov. cn/web/zwbd_ 673032/wshd_ 673034/t1550998. shtml, 2018 -05 -14。

拉维两国举办“光明行”活动，为两国612名白内障患者实施了免费复明手术。2011年，安徽外经建集团、北京同仁医院和海南航空集团共同组织，赴津巴布韦和莫桑比克开展公益活动，共为623名眼病患者实施了手术。同年，全国友协联合中国有色集团、中国企业对非慈善基金、赞比亚中国经贸合作区和北京同仁医院，在赞比亚开展“光明行”。同时，中国残疾人联合会、中国狮子联会和国际狮子总会联合组团，共赴肯尼亚、坦桑尼亚、乌干达三国，为当地患者进行眼病诊治及培训医护人员。①

鉴于非洲“光明行”良好的社会效益。2012年7月，在中非合作论坛第五届部长级会议上，中国政府宣布开展援非“光明行”。被纳入中国政府对非实施的援助计划后，非洲“光明行”无论从实施力度和非洲贫困人口受益群体看，都有了大幅提高。国家卫生计生委和商务部共同推动此项工作，国内眼科专家在吉布提、喀麦隆、科摩罗、刚果（布）、多哥、贝宁、苏丹、毛里塔尼亚等国免费开展了白内障病人手术复明，成效显著。2016年7月，由西安市第一医院12名眼科专家和护理人员组成的中国援苏丹“光明行”医

① 李力清：《中非民间组织交流与合作的发展态势与前景》，载张宏明主编《非洲发展报告（2012—2013）》，社会科学文献出版社2013年版，第148页。

疗队，在喀土穆的双尼罗大学附属眼科医院正式启动了“光明行”项目。在短短3个月时间里，“光明行”医疗队不辞劳苦，每天4个手术台同时运行，平均完成20—30例手术，总计完成了1041例白内障手术，其中包括1位101岁的老人和多名体弱多病的患者，使他们重见光明。[①] 在进行眼科手术的同时，医疗队还对当地医务人员进行技术培训。2017年11月，来自哈尔滨医科大学第一医院和锦州医学院的8名眼科医生来到毛里塔尼亚，开展为期两周的非洲“光明行”活动。在此期间，医疗队为当地300余名患者进行了白内障手术。[②] 此外，医疗专家们对毛里塔尼亚医生进行了系统培训，举办了多场眼病预防讲座、建立远程医疗中心等多种活动。非洲“光明行”实实在在地为非洲贫困病患解除了疾病带来的痛苦，送去了光明，使他们重归有质量的生活。

以上选取的三个项目，第一个和第三个案例代表中国对非传统援助项目——农业和医疗卫生合作；第二个案例是中国对非援助的新项目，属小型实用技术培训类型。它们从不同侧面体现了援助对非洲国家减

---

① 周垚：《“光明行”把爱洒向非洲——西安市第一医院援苏丹“光明行”工作纪实》，载咸阳市卫生和计划生育局网站 http：//www.xyws.gov.cn/news/21/13708.html，2018-05-17。

② 韦邀素：《爱筑光明行　毛塔传佳话》，载凤凰网 http：//hlj.ifeng.com/a/20171209/6215809_0.shtml，2018-05-17。

缓贫困与促进发展方面起到的作用。

## 二 企业层面的减贫合作

企业是中国对非经济活动实施的主体与依托。企业在非活动是否具备可持续运营能力，不仅取决于其运营的外部环境与条件、经营特色与比较优势、自身盈利能力，而且还与企业对东道国当地经济与社会发展的贡献有重要关联。毋庸讳言，企业对非投资的重要原始动因在于看好非洲市场的投资回报和经济效益，可以促进中国企业自身的发展。然而，企业的经营活动也会对投资所在地的人、经济和环境产生影响。企业若想在非洲当地获得可持续的发展，需要实施负责任的商业行为，履行企业社会责任（Corporate Social Responsibility, CSR），关切投资东道国的利益，以此营造友善而和谐的经营环境，保障合作区及驻在企业的正常运营。因此，企业在履行社会责任的过程，客观上则会为投资东道国减贫与发展作出贡献。

### （一）减贫合作的路径与内容

企业社会责任，是社会对企业职能的进一步要求，是伴随着企业和社会的发展而产生的，这一概念最早缘起于 20 世纪 20 年代的美国。当时，随着资本主义社会的发展，利益相关者对于相伴而生的失业、工伤死亡、贫富差距过大、环境污染等问题提请企业关注并解决。基于此，芝加哥大学的克拉克（J. Maurice Clark）提出企业社会责任的思想，但并没有对企业社会责任的概念或定义作出明晰的界定。直到 1953 年，鲍恩（H. Bowen）首次在《商人的社会责任》一书中给企业社会责任下了一个明确的定义：商人按照社会的目标和价值，向有关政策靠拢，作出相应的决策，采取理想的具体行动和义务。[①] 到 20 世纪 70 年代，企业应当承担社会责任的思想逐渐为社会所普遍接受，学界遂展开对企业社会责任概念的诠释与争论，如曼尼（Manne）提出的企业社会责任的三要素[②]、美国经济发展委员会（CDE）提出的"同心圆"说[③]、卡罗尔（Cateroll）提出的"金字塔"模型[④]、埃尔金顿

---

① 段文、晁罡、刘善任：《国外企业社会责任研究述评》，载《华南理工大学学报》（社会科学版）2007 年第 3 期，第 51 页。

② 企业社会责任的支出或行动给企业带来的边际回报低于其他支出的边际回报；企业社会责任的行为必须是自愿的；企业社会责任的行为必须是企业行为，而不是个人行为。

③ 企业社会责任分为 3 个同心圆：内圈责任，是最基本的经济责任，包括产品、就业机会以及经济增长；中圈责任，是配合社会价值的变化而执行经济职能的责任，如环境问题等；外圈责任，是新近出现但还不是很清晰的责任，即企业更广泛地积极介入到改善社会环境的活动中去。

④ 企业社会责任分为四类（金字塔模型由下至上）：经济责任、法律责任、伦理责任和慈善责任。

(Elkington) 提出的“三重底线”概念[1]，等等。从上可以看出，随着人们对于企业经营行为认知的理性化，学界关于企业社会责任内涵的理解愈加具体和丰富。虽然其中的表述视角有所不同，但其共通之处在于：强调企业如何履行社会责任，需实施利他主义行为，承担企业在社会中应有的角色。

企业社会责任运动大规模导入中国则起始于20世纪90年代，尤其是中国实施“两种资源、两个市场”战略和“走出去”战略以来，国际上要求企业履行社会责任的呼声越来越高。世界各国政府、企业、国际机构，以及非政府组织共同参与，制定了一些倡导负责任企业行为的国际自愿性倡议，如“采掘业透明度倡议”（Extractive Industries Transparency Initiative）[2]、“联合国全球契约”（UN Global Compact）[3]、“赤道原则”（the Equator Principles）[4] 等。例如在非洲，企业社会责任得到广泛推广，肯尼亚、突尼斯、南非、尼日利亚、埃及、赞比亚、加纳、毛里求斯、摩洛哥、

---

① 指经济底线、环境底线和社会底线，即企业必须履行最基本的经济责任、环境责任和社会责任。

② 采掘业透明度倡议由英国2002年发起，旨在促进采掘业收入的透明度、确保穷人从采掘业受益、减少环境与社会风险。

③ 全球契约是一个由联合国发起的倡议，目的是让企业与联合国的机构、劳工和公民社会组织支持普遍的社会与环境原则。

④ 赤道原则是由世界主要金融机构根据国际金融公司和世界银行的政策和指南建立的，旨在判断、评估和管理项目融资中的环境与社会风险的一个金融行业基准。

莫桑比克、坦桑尼亚、马拉维、喀麦隆、纳米比亚、马达加斯加、乌干达、塞内加尔、苏丹等国成为“联合国全球契约”签约国。有鉴于此，中国政府与企业愈加重视企业在生产经营活动中履行社会责任问题。《公司法》第五条明确要求，“公司从事经营活动，必须遵守法律、行政法规，遵守社会公德、商业道德，诚实守信，接受政府和社会公众的监督，履行社会责任”。2008 年 1 月，国资委下发了《关于中央企业履行社会责任的指导意见》，提出央企履行社会责任，既要与国际接轨，又要结合中国的具体国情和企业实际，认为央企履行社会责任包括三方面内容：一是法律规范的自觉遵守，包括环境保护、资源节约、安全生产、职工权益保障、消费者权益保护、市场经济秩序等法律规范。二是企业价值的充分体现，包括对股东要给予回报，对消费者要提供优质的产品和服务，对职工要创造更好的劳动、生活和发展条件，对自然环境要给予更好的保护，对国家和社会要创造财富、提供就业岗位、缴纳税收等。三是道德伦理的高尚追求，包括企业在遵守法律规范、体现企业价值的基础上，还应该对社会承担更大的义务，要有善心、有善意、有善举，热心参与社会公益事业。[①]

① 参见国资委研究室《国资委负责人就〈关于中央企业履行社会责任的指导意见〉答记者问》，http：//www. chinadaily. com. cn/hqcj/zx-qxb/2010 - 11 - 17/content_ 1224178. html，2011 - 03 - 05。

中国企业对于社会责任认知的逐渐深入与其开拓非洲投资市场几乎同步。20 世纪 80 年代，中国企业开始在非洲具有小规模的投资行为。20 世纪 90 年代以来，越来越多的中国企业（包括国有大中型企业、民营企业和个体从业者等）远赴非洲大陆，寻找商机，开展投资经营活动。据中国商务部统计，截至 2016 年年底，中国对非直接投资存量已大幅增长到 398.77 亿美元。投资领域涉及建筑业、采矿业、金融业、制造业、农林牧渔业、科学研究和技术服务业等。投资分布在南非、刚果（金）、赞比亚、阿尔及利亚、尼日利亚、埃塞俄比亚、加纳、津巴布韦、安哥拉等 49 个非洲国家。① 中国企业在非洲市场的经营活动中，积极回应非洲国家和中国政府提出的履行企业社会责任的倡议，并关切乃至加入到全球关于企业社会责任的一些倡议中，尤其是在非经营的中国大企业关注：企业如何服务于投资所在国提升产业层次服务；如何培训和雇用当地员工；如何为当地社区发展作贡献；如何减少企业生产活动对环境的影响；等等。一些企业发布了企业社会责任报告，如中国石油天然气集团公司的《中国石油在苏丹》、中国钢铁工贸集团公司的

① 中国商务部、国家统计局、国家外汇管理局：《2016 年中国对外直接投资统计公报》，载中国商务部网站 http：//www. mofcom. gov. cn/article/tongjiziliao/dgzz/201709/20170902653729. shtml，2018 - 05 - 14。

《中钢集团可持续发展非洲报告》、中国有色集团的《赞比亚社会责任报告》等。

从中资在非企业经营行为来看，主要通过以下几个方面为非洲国家的减贫事业作贡献。第一，中资企业通过投资，创造产值，增加当地税收，促进当地经济增长与增加政府财政收入，为非洲国家实施减贫行动提供资金。第二，企业实行属地化经营模式，为当地人创造了就业机会，使他们参与经济活动进而拓宽收入来源，有助于穷人减贫。第三，企业通过建立培训中心、在职培训、选派优秀员工赴华培训等方式，为所在国培训大批熟练技术人员，改善当地人力资源素质。第四，企业在从事生产经营的同时，还通过捐资、修路、架桥、打水井、建医院、盖学校等形式，积极参与到当地社区发展的公益事业之中，从而惠及当地民众，促进当地民生的改善。

### （二）案例分析

1. 中国石油天然气集团公司在非洲的油气开发

中国石油天然气集团（以下简称“中石油”）开拓非洲油气能源市场始于20世纪90年代中期。1995年，苏丹总统巴希尔访问中国，两国元首决定中苏开展石油开发合作。9月，中石油与苏丹政府签订了穆格莱德盆地6区石油合作开发协议，苏丹出资30%，中国石油出资70%并为苏丹培训技术人员，由此开启了中非石油合作的序幕。此后，中石油通过参与国际竞标，坚持“互利双赢，共同发展”的合作理念，按照国际惯例规范运作，继续深化与扩大双方在石油领域的合作。直至2017年年底，中石油在苏丹、南苏丹、尼日尔、尼日利亚、阿尔及利亚、毛里塔尼亚、突尼斯、莫桑比克、坦桑尼亚、肯尼亚等国拥有25个能源开发项目。

在过去20多年时间里，中石油与非洲投资东道国通过合作推动了苏丹由资源优势向产业优势乃至经济优势的转化。自中苏石油开发合作之初，中石油就注重提升苏丹产业发展能力。对于苏丹政府而言，不仅通过股份分红取得经济收益，带动了苏丹国民经济的快速增长，而且通过双方合作，苏丹已建立起上下游一体化现代石油工业体系，推动了苏丹石油工业的可持续发展。中石油除在苏丹参与5个区块上游项目外，还包括6区管道、1/2/4区原油管道和3/7区管道3个中游项目，以及喀土穆炼油厂①、喀土穆化工厂②和石

① 1998年5月26日，喀土穆炼油厂开工建设，中石油与苏丹能矿部各持股50%。2006年6月30日扩建工程完工，目前原油加工能力达到500万吨/年。

② 2001年10月18日，喀土穆化工厂注册成立，中石油持股95%，苏丹能矿部持股5%。聚丙烯生产能力达到2万吨/年，每年可生产2000万条标准编织袋。

化贸易公司[①]3 个下游项目。从 2000 年起，苏丹就由石油净进口国一跃成为石油出口国，可加工生产汽油、柴油、航煤、液化气、聚丙烯等石化产品，不仅可以满足本国所有需求，还出口到周边国家和地区。在乍得，中石油与乍得石油部于 2007 年签署了《炼厂合作协议》，原油加工能力为 250 万吨/年，为该国建立起阿加德姆上下游一体化的石油工业体系。在尼日尔，2011 年，中石油完成了油气勘探开发、连接油田和炼厂的输油管道、炼油厂建设及运营工作。中石油与尼日尔开展的上、中、下游一体化合作，使当地建立了完整的现代化石油工业体系，不仅满足了当地能源需求，而且在 2016 年实现了成品油外销。苏丹、乍得、尼日尔的经济发展由此获得新动能，政府财政收入由此大幅增加，对改善人民生活可发挥重要作用。

中非石油合作中，中石油采用“非洲本地化”发展策略，体现在企业用工方面。中石油在非洲投资东道国始终严格遵守东道国与劳动用工的法律法规，遵守相关国际公约和惯例，不断拓展就业机会，积极推进员工非洲化。中石油在苏丹油气合作项目中，员工苏丹化程度已超过 95%；工程建设和技术服务现场员工苏丹化程度达到 75%。2003—2016 年，中石油累计

① 2000 年 5 月，石油贸易公司注册成立，为中石油独资拥有。现有 6 座加油站和 1 座成品油库，年销售汽油、柴油约 10 万吨。

为尼日尔当地提供7000多人次的就业机会。许多在中石油工作的员工及其家庭生活因此发生了可喜的变化。

在以人为本、培养非洲石油人才作为企业长远发展战略和责任理念的促动下，中石油把以人为本落到实处，采用举办培训班、来华培训的脱产方式，以及师傅带徒弟的现场传授方式，为非洲国家培养了一批石油勘探开发、炼油化工、工程建设和技术服务领域的专业人才。截至2016年年底，中石油出资367万美元，为苏丹石油及下属部门人员提供256人短期技术培训和12人硕士学位培训。2012—2013年，中石油为南苏丹提供60人的短期石油培训，为16人提供赴中国石油大学的本科学位培训；2016—2018年期间，拟为南苏丹提供60人石油技术和管理短期培训。[①] 在乍得，中石油对当地员工采用“一对一”师徒传帮带方式，帮助当地员工掌握炼化领域的各种专业技术。2012年，中石油还接纳了17名炼化专业和两名商务专业的大学生在相关部门实习。[②] 在南苏丹，自2010年起，中石油委托中国石油大学举办了多期中油国际朱巴大学培训班。在尼日尔，中石油先后为当地3000多

① 中国石油天然气集团公司：《2016企业社会责任报告》，内部印刷，第66页。

② 张军、王洪一：《中国石油在非洲经营的成绩及政策完善的相关建议》，载张宏明主编《非洲发展报告（2015—2016）》，社会科学文献出版社2016年版，第54页。

名当地员工提供了中长期岗位技能培训，并选派近200名当地优秀员工赴中国及其他国家进行专业培训。[①] 由此，中石油积极为业务所在国提供培训机会，培养石油人才，带动了相关非洲国家油气专业人力资源水平的提高。

中石油为塑造负责任的企业形象，以实际行动回馈非洲当地各方对企业发展的支持和帮助，致力于在促进非洲国家石油工业和企业自身可持续发展的同时，积极参与有益于当地社区或居民发展的多项公益事业。(1) 捐资建立医院，改善当地医疗条件。针对苏丹气候炎热、热带疾病流行、医疗条件有限的现状，自2004年以来，中石油先后在油区周边社区捐建了喀土穆炼油厂友谊医院、富拉友谊医院、法鲁济医院和黑格里医院4所医院和109个诊所，并向油田周边居民赠送药品，向医疗条件不足的医院捐赠医疗设备。(2) 捐资建学，资助教育与科研机构，支持当地教育发展。中石油独力或通过联合作业公司为油区附近的村寨和部落捐建学校35所，为7万多名适龄儿童提供了上学机会。2004年和2008年，中石油分别向喀土穆大学和苏丹南方朱巴大学提供捐资50万美元和70万美元，用于所在院校的学术交流和教育活动。在尼日

---

① 中国石油天然气集团公司：《2016企业社会责任报告》，内部印刷，第71页。

尔，中石油和合作伙伴同当地相关部门一道，先后在阿加德兹、迪法、津德尔和恩吉米等地捐建了38所学校，并为学生捐赠课桌、学习用品等。在乍得，中石油专门在油田营地附近利用废旧集装箱建立起油田小学。（3）打水井，解决当地饮水困难问题。在苏丹和南苏丹，中石油每年总投资15万美元为3/7区管道途经的红海州和白尼罗河州居民无偿提供干净饮用水，缓解当地饮水难问题。在尼日尔，炼厂项目利用厂外供水管线为周边村民建设供水点，在撒哈拉沙漠深处打水井160多口。[①]（4）扶贫济困，热心慈善事业。2007年2月，中石油与苏丹政府签署了捐助苏丹社会福利事业的一揽子协议，捐资100万美元设立为期5年的社会福利事业基金。该项目的主要受益人群是喀土穆州的老人、失学儿童和障碍人士。2009年11月，中石油与苏丹贫困母亲慈善会签署了《中国石油与苏丹贫困母亲慈善会慈善基金协议》，该协议一直执行至今。根据协议，中石油为慈善机构每年捐赠100万美元或等额的苏丹法定货币，捐款用于资助一般慈善项目以及扶贫、促进教育和生产、改善贫困人口生活条件等项目，其中50%用于达尔富尔地区。

① 张军、王洪一：《中国石油在非洲经营的成绩及政策完善的相关建议》，载张宏明主编《非洲发展报告（2015—2016）》，社会科学文献出版社2016年版，第55页。

由此，中石油在非洲的能源开发合作，在一定程度上带动了投资东道国的经济发展。企业在开展投资合作的同时，积极参与社区公益，帮助改善社区居民生活条件，通过资助教育、医疗等公益事业，直接或间接助推当地扶贫事业的发展。

2. 赞比亚中国经济贸易合作区①

赞比亚中国经济贸易合作区（以下简称“赞中经贸合作区”）是在2006年中非合作论坛北京峰会“在非洲建立3—5个经济贸易合作区”动议下建立起来的，是中国在非洲建立的第一个境外经贸合作区，也是赞比亚政府宣布的第一个多功能经济区，由中国有色集团负责园区的开发、运营和管理。2007年1月16日，中国有色集团（以下简称“中有色”）在赞比亚注册成立了赞比亚中国经济贸易合作区发展有限公司，专门负责经贸合作区的基础设施建设和经营管理。赞中经贸合作区为“一区两园”，包括位于赞比亚铜带省卡鲁鲁西市的谦比希园区和卢萨卡国际机场附近的卢萨卡园区。经过十多年的开发建设与运营管理，截至2017年12月，赞中经贸合作区共有注册企业51家（谦比希园区41家，卢萨卡园区10家），其中有43家企业已经开始运营，取得了显著的经济与社会效益，使之成为继“坦赞铁路”之后中赞两国友谊的新标

① 以下关于赞中经贸合作区资料由该企业提供，特此致谢！

志。中有色作为大型央企，秉承“释放资源价值，共筑社会和谐”的社会责任观，一直注重企业社会责任的实践与管理，并付诸赞中经贸合作区实际运营之中，以期达到“中赞合作，共同发展”的愿景。

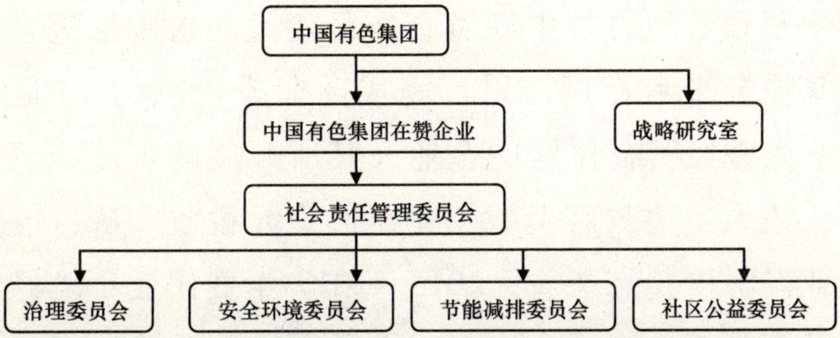


图 3－1　中有色在赞比亚企业社会责任管理组织架构

资料来源：中国有色集团：《赞比亚 2011 社会责任报告》，内部印刷，2012 年，第 13 页。

首先，赞中经贸合作区建立了社会责任管理体系，畅通与赞比亚各利益攸关方沟通渠道，并融入企业经营管理工作中。中有色集团现已形成社会责任管理架构的顶层设计，由公司高级管理层负责公司社会责任战略、规划和制度的制定。其下属的战略研究室具体负责指导、协调及评估在赞比亚企业社会责任规划、实践及绩效；在赞中经贸合作区经营的企业由公司高级管理层成员组成社会责任管理委员会，结合公司运营和利益相关方期望，制定该公司社会责任规划；社会责任管理委员会与公司治理委员会、安全环境委员会、节能减排委员会及社区公益委员会协同工作，推进社会责任规划的实施。

其次，助推当地产业发展，增加当地税收与政府财力，为赞比亚政府实施经济与减贫政策奠定重要的物质基础。随着赞中经贸合作区建设的稳步推进，彰显其投资平台作用，累计完成产业投资额约 18 亿美元。入驻经贸合作区的企业及其所开展的生产经营活动，还为当地政府上缴了 4.5 亿美元税收。从目前赞比亚经济增长态势看，2013—2017 年赞比亚年均经济增长率为 4.04%[①]，赞中经贸合作区活跃的生产经营活动无疑会为该国经济增长增添新的活力。另外，为带动当地经济和产业发展，中有色在开发矿山的同时，加大投资力度，在谦比希园区建立了湿法冶炼厂与火法冶炼厂，引进国际先进的铜冶炼生产技术，发挥赞比亚铜矿资源储量丰富的优势，延伸赞比亚矿产资源产业链，提升铜产品加工能力。中有色还加大本地采购比例，扶持当地供应商，搭建提升当地冶金、机械、机电、建材等相关产业水平的平台。例如，2010 年中色非洲矿业发展有限公司与当地多家供应商合作，回收罐笼用铜衬板、水泵等废旧备件，带动当地供应商的成长发展，使赞中经贸合作区的发展成为促进当地

① EIU, *Country Report*: *Zambia*, April 3, 2018, p. 11.

经济发展的新增长点。

再次，创造新就业岗位，着力提高当地员工的技能水平。为当地创造更多的就业机会是中有色集团在赞中经贸合作区投资运营中始终遵循的原则，也是当地政府与社区的关键诉求之一。为此，经贸合作区严格遵守赞比亚劳动部门有关劳动用工本地化的法规政策，认同他们的劳动价值，努力提供更多的就业岗位。从图 3 - 2 可以看出，2007—2017 年，赞中经贸合作区吸纳就业人数总体呈现不断扩大趋势，其中本地就业人数从 2647 人增加到 7251 人，员工本地化率为 85%。

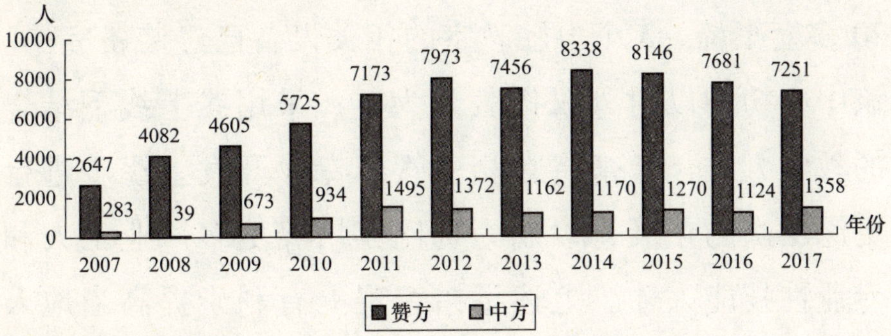


图 3 - 2 2007—2017 年赞中经贸合作区就业人数

为改善本地员工的技能水平，中有色为本地员工提供各类教育与培训机会，提升当地人力资源水平。一方面，通过短期培训、手把手传授、高级进修、学历教育和选派员工赴中国学习等多种方式，提升本地员工的专业技能和职业发展，尤其是企业注重从当地员工中选拔、培养、任用管理人员和高级专业技术人才，拓展了员工职业发展通道；另一方面，中有色参与发展职业教育，为赞比亚培养职业教育专业人才。2017 年 10 月 18 日，国家开放大学赞比亚学习中心在经贸合作区谦比希园区正式揭牌。国家开放大学赞比亚学习中心采取“一中心，若干教学点”的模式运作，中心总部设在赞中经贸合作区，首批三个教学点为赞中经贸合作区（以下简称“合作区”）教学点、中色非洲矿业有限公司（以下简称“中色非矿”）教学点和中色卢安夏铜业有限公司（以下简称“卢安夏”）教学点。目前，国家开放大学首批 137 台电脑、20 多套桌椅、3 个电脑教室的相关设备已经装备完毕。该中心初期以对外汉语教学为主，采用线上线下结合的教学方式，未来将在相关管理专业开发上逐步进行更深层次的拓展，以期为赞比亚培养更多产业工人和专业性技能人才。上述举措客观上有利于提高当地人经济活动参与度的量与质，从长远来看，无疑会在一定程度上为赞比亚提升人力资源素质助力。

此外，赞中经贸合作区积极参与当地公益事业。中国有色集团现为赞比亚中华商会会长单位，致力于在促进赞比亚经济和企业自身可持续发展的同时，积极参与有益于当地社区或居民发展的多项公益事业，以实际行动回馈当地各方对企业发展的支持和帮助。

其一，捐资或医疗设备，改善当地医疗条件。针对赞比亚艾滋病、疟疾等热带疾病流行、医疗条件有限的现状，中有色集团于2007年12月捐赠了价值4万多美元的计算机等办公设备，用于“非洲第一夫人防治艾滋病组织”开展防治艾滋病活动；2011年，铜冶炼公司捐赠约10.7万美元修建谦比希诊所。此外，中有色集团在2011年出资110万元资助“非洲光明行”活动，通过为赞比亚当地眼疾病患提供免费复明手术，使109位赞比亚白内障患者重见光明。2012年11月，中色非矿向企业所在地卡鲁鲁西市政府捐赠3000万克瓦查（约合人民币4万元）防疟基金，促进当地医疗卫生事业的发展。其二，捐资助学，资助教育与科研机构，扶持专业人才培训，支持当地教育发展。例如，2011年中色非矿向铜带省大学捐助3万美元奖学金，投资近10万美元帮助谦比希高中扩建教室，还为谦比希地区公立小学捐赠文具。其三，关切妇女权益，支持妇女发展。对妇女弱势群体的扶持，有利于社会福祉。基于此，中色非矿与当地谦比希村妇女针对养鸡活动建立长期合作关系，将鸡雏无偿提供给当地妇女放养，待其长大后买回，为当地妇女创造收入来源，实现自身价值。2013年4月，经贸合作区向“赞比亚第一夫人幸福之家基金会”捐款27万克瓦查（2013年汇率为：1美元=5.5克瓦查，约合5万美元），用于资助当地妇女、儿童等弱势群体。其四，捐资改善当地基础设施。中有色集团在合作区基建过程中，投资 2780 万美元与赞比亚国家电力公司共同建设了谦比希东 330KV/66KV 变电站，该项目改善了周边居民的照明条件；中色非矿投资 50 万美元修建了谦比希村和基特韦市 5 公里长的道路，等等。以上诸多举措，均惠及当地民众，促进了当地民生的改善。[①]

综上可以看出，中有色在经营管理赞中经贸合作区过程中，遵守当地法律规范（赞比亚关于经贸合作区管理的法规为《发展署法》）与利益攸关方保持合作，以负责任的态度经营，妥善处理“义”和“利”之间的关系，直接或间接推动该国的减贫事业。

3. 中信建设在安哥拉和阿尔及利亚的基础设施建设项目

中信建设有限公司（以下简称“中信建设”）是全球著名的国际工程承包商之一，在 ENR 全球最大国际工程承包商排名中连续多年跻身前列。该公司在非洲业务领域涵盖金融、资源能源、制造、工程承包、房地产及基础设施六个领域，其中在非洲的基础设施业务主要在安哥拉和阿尔及利亚展开，如安哥拉的社会住房项目 K. K. 一期工程、RED 住房项目、国家旅

① 中国有色集团：《赞比亚 2011 社会责任报告》，内部印刷，2012 年，第 52—55 页。

游区项目，以及阿尔及利亚的东西高速公路项目等。

中信建设在实施上述基础设施承包项目时，坚持发展与责任并行，用心探讨企业社会责任的实施方式，践行正确的义利观，积极为安哥拉和阿尔及利亚两国经济与社会发展服务，为非洲当地民众民生服务。首先，参与承建保障性住房项目，有助于改善当地居民的住房条件。安哥拉社会住房项目 K. K. 一期工程是安哥拉政府为缓解国内住房紧张、推动经济发展而实施的民生工程，是安哥拉最大的住房项目。[①] 该项目总建筑面积约为 331 万平方米，于 2012 年 10 月竣工。安哥拉 RED 住房项目属于该国政府实施的百万套住房计划之一。中信建设承担了 14 个省市共计 10 万套社会住房项目的设计、建设及基础设施建设等内容，截至 2018 年上半年已建成 3.4 万套。上述安居惠民工程有助于逐步缓解当地居民的住房困难、提高居民的居住水平。

其次，参与公路和市政工程项目建设，改善项目所在国减贫基础条件。中信建设于 2006 年 5 月中标阿尔及利亚东西高速公路西、中两个标段，东西高速公路长约 1216 公里，纵贯阿尔及利亚全境，是北非马格里布地区干线高速公路的重要组成部分，也是马格里

---

① 笔者曾于 2018 年 4 月 29 日考察中信建设在罗安达的 K. K. 新城项目。

布高速公路的重要组成部分，贯穿阿尔及利亚24个省区。2010年10月10日西标段359公里建成通车，2012年4月14日中标段169公里建成通车。2017年12月，东标段84公里项目开始施工。另外，中信建设在安哥拉罗安达于2015年12月启动了K.K.二期第一阶段大市政工程项目，规划用地249公顷，合同金额6.07亿美元，合同工期28个月，包含大市政道路、大市政给排水市政工程及污水系统、大市政电力照明系统、大市政中水系统、大市政绿化、大市政交通信号、燃气系统、通信系统及红外线工程。阿尔及利亚东西高速公路的互联互通和安哥拉市政工程项目的完工，无疑会为当地经济与社会发展发挥重大推动作用。

再次，大力实施属地化用工，提升当地就业水平。中信建设在非洲实施的项目聘任了大量当地技术人员和工人。如安哥拉K.K.一期工程项目高峰期雇用了5600名当地工人；阿尔及利亚东西高速公路项目直接和间接带动了当地约10万人就业。

最后，积极创办职业教育，培养非洲技术人才。中信百年职校由中信公司全资捐建，成立于2014年4月28日，主要是面向安哥拉当地招收有学习能力和强烈就业愿望的10—24岁贫困青年，提供全免费的培训、食宿并推荐就业，帮助其解决因家庭贫困原因不能参加继续教育的问题，实现其立足社会的梦想，学员毕业后颁发安哥拉国家认可的职业资格证书。根据安哥拉市场需求，职校开设了电工、工程施工和机械操作、酒店服务、计算机5个专业。学校在力求传授学生专业知识的同时，开设了应用文写作、演讲与口才、环境保护、道德与法律、体育、音乐等人生技能课程，以期满足现代经济与社会生活的要求。至2018年年初，中信职校已有320名当地贫困家庭青年完成学业，并帮助他们走上了工作岗位。

此外，中信建设重视安哥拉教育事业的发展。2014年3月，该公司同安哥拉内图大学、中国孔子学院总部签署了《关于合作设立内图大学孔子学院的协议》，公司出资捐建了内图大学孔子学院教学楼，内含安哥拉当地语言研究室、图书室及大型多功能厅等设施，这是全球首所由中资企业参与成立的孔子学院，2016年9月14日，内图大学孔子学院落成并举行开学典礼。①

在上述三个对非投资企业案例中，一是资源开发企业，且是最早进入非洲直接投资、兴建实业的中国企业代表，对非洲减贫推动起着直接或间接作用。二是中小企业集群式的经济特区投资模式，致力于推动中非产能合作，与当地脱贫事业密切相关。三是劳务

① 中信建设网站：http：//www. cici. citic. com/global/index. html，2018-05-25。

承包企业，而基础设施则是当下中国对非投资的重要领域。无论是经济类还是社会类基础设施，均属于公共产品，会增加交通或通信的便利性，为投资东道国经济发展提供基础条件，并在一定程度上改善了当地民众的生产和生活条件。由于企业对非洲开展业务是企业根据市场评估做出的自主行为，中国政府尚未出台强制性要求企业履行社会责任的制度性文件，只能以倡导形式加以推动，因此中资企业在非洲开展业务时，出于企业可持续经营战略、各类国际性自愿性倡议、非洲国家法律法规等因素考虑，会更加关切非洲当地政府与人民的利益，有越来越多的企业自愿履行企业社会责任，这三个案例就是很好的实证。

## 三　非政府组织层面的减贫合作

非政府组织是市场经济发展到一定阶段的产物，是一种公共事务社会分工的组织载体。它与政府运用政治与经济资源践行国家减贫政策、企业通过履行社会责任助推减贫事业不同，非政府组织主要是运用社会良知与互动来动员社会各方力量参与减贫。

### （一）减贫合作总体现状

纵观中国的非政府组织的发展历程，在改革开放以前，中国实行计划经济、政社合一，国内非政府组织数量有限、种类单一，且官方色彩浓厚，具有高度行政化的特点。[①] 1978 年以后，中国的非政府组织逐渐发展壮大，非政府组织在种类上也发生了很大变化，其活动领域渗透到人们生活的各个方面，包括扶贫济困领域。1989 年，中国青少年发展基金会与中国扶贫基金会成立，成为中国规模和实力均较强的专职扶贫公益机构。1994 年，中华慈善总会成立，这是中国第一个全国综合性的慈善机构。这些机构的服务对象以国内贫困人口为主，因为当时中国进入大规模扶贫发展阶段。2004 年 5 月，全球扶贫大会在上海召开，这对中国参与非洲等贫困落后国家的减贫合作具有里程碑的意义，最明显的标志性事件是 2005 年 6 月中国国际扶贫中心成立。此后，中国又成立了直接或间接司职于非洲减贫与发展的一些非政府组织。

“中促会”于 2005 年 10 月成立，它作为专门从事国际交流与合作的民间组织联合体，致力于广泛联系国际、国内有关民间组织和人士，推动中国民间组织参与国际非政府组织的交流与合作，增进各国人民之间的友谊。其活动领域主要包括和平发展、

① 参见李丹《改革开放后中国非政府组织发展历程及趋势》，《郑州航空工业管理学院学报》2009 年第 4 期。

科学技术、文化教育、医疗卫生、资源环境、人权保障、扶贫助残、妇女青年等。该组织开展对非民间交流合作时，把帮助非洲民众减贫为工作重点，开展了大量务实项目。如2009年10月和2010年10月，中促会分别邀请非洲六国非政府组织代表来华进行加强中非非政府组织合作的研讨，并参观考察了中国的贫困地区，交流减贫经验。2009年12月，中促会等赴津巴布韦开展预防艾滋病宣传培训。2011年和2012年，中促会与中国水利水电建设集团公司合作，为肯尼亚内罗毕郊区一所小学和位于南苏丹朱巴的中国友谊中学各打了一口深井，使学校及周围社区近千人受益。

2006年10月，中非民间商会成立，它由中国光彩事业促进会、中国国际经济技术交流会、联合国开发计划署共同发起，其宗旨是积极引导与服务中国民营企业“走出去”“走进非洲，融入非洲，建设非洲”；结合自身优势，开发利用非洲资源，开拓非洲市场，扩大中国光彩事业（以扶贫开发为主题事业）的国际影响；通过与国内、国际合作伙伴建立密切的联系网络，创造出有利于中非经济技术交流合作的良好环境，以务实的方式推动中非合作、南南合作。该组织成立以来，通过信息咨询、商务交流、培训研讨、实地考察等方式，推动中国民营企业以项目投资为中心、义利兼顾，在非洲开展互惠互利的合作。[①] 2017 年 5 月，中非民间商会参与主办了中非装备制造业合作座谈会。2018 年 1 月，该机构主办了“一带一路”与非洲基础设施融资研讨会。

此外，国内一些与减贫密切相关的非政府组织，如中国扶贫基金会、中国青少年基金会（以下简称“中国青基会”）也开始探索与非洲国家开展扶贫合作。中国扶贫基金会成立于 1989 年 3 月，是专业从事扶贫工作的全国性非政府组织，也是中国规模最大、实力最强的专职扶贫公益机构。它搭建社会贫富互动平台，以传递慈善爱心，促进社会和谐发展为要义。2004 年，中国扶贫基金会将公益的视野放至全球，提出“向国际化发展”的总体战略。目前，该机构在非洲实施了国际发展合作项目和国际公益项目，主要分布在苏丹（如苏丹微笑儿童项目等）和埃塞俄比亚（如国际水窖项目等）两国。[②]

中国青基会是全国性公募基金会，其使命是：通过资助服务、利益表达和社会倡导，帮助青少年提高能力，改善青少年成长环境。中国青基会发起实施的希望工程是中国社会参与最广泛、最富影响力的民间

① 中非民间商会情况参见中非民间商会网站：http：//www. cabc. org. cn/about/index. asp，2018 - 05 - 18。

② 中国扶贫基金会网站：http：//www. cfpa. org. cn/project/GJProject. aspx? tid = 22，2018 - 05 - 18。

公益事业，目前这项事业已延伸至非洲大陆。2011年，由中国青基会和世界杰出华商协会共同发起的、旨在帮助非洲失学儿童的“希望工程走进非洲”项目正式启动，迄今，已有20多所“希望小学”在坦桑尼亚、埃塞俄比亚、肯尼亚、纳米比亚等国落户。[①]

从当前中国非政府组织参与非洲国家减贫合作情况看，双方合作正处于起步阶段。呈现以下特点：第一，减贫合作历史较短。2005年以前，中国非政府组织参与非洲国家的减贫合作事例较少，只有零星案例。例如，中国红十字会为2003年阿尔及利亚地震提供了5万美元赈灾款。[②] 2005年以后，随着中国国际扶贫中心等以国际合作为平台的有关促进减贫与发展的中国非政府组织的相继成立，以及一些扶贫组织向非洲大陆业务的拓展，中非双方合作逐渐进入机制化轨道。第二，减贫合作的内容主要以人力资源培训、具体项目运作和促进双方发展交流为主。虽然中非减贫合作尚处于初始阶段，但双方合作起点较高，合作内容不仅有慈善、济困等具体实施项目，还有中国减贫发展经验的交流与分享。多年来，中国实现了大规模减贫，引起同属发展中世界的非洲国家的关注，非

① 参见中国青少年发展基金会网站http：//www. cydf. org. cn/search/?q = % E9% 9D% 9E% E6% B4% B2&t = 1，2018 - 05 - 18。

② http：//www. southcn. com/news/international/zhuanti/al/cnresponse/200305260008. htm，March 7，2011.

洲国家希望探求中国减贫的理念与举措，为非洲国家提供相关经验。而中国非政府组织举办的各类研修班、高峰论坛以及实地考察活动，对非洲国家建构本国的减贫模式十分重要。第三，减贫合作的规模仍然很小。中国非政府组织由于自身力量有限，除举办中非减贫各类培训班较为频密以外，仅在部分非洲国家开展了专项减贫活动，双方合作规范与空间尚待扩大。

### （二）案例分析

1. 中国国际扶贫中心参与非洲减贫情况①

中国国际扶贫中心正式成立于2005年6月，是国务院扶贫办直属事业单位，也是中国政府与联合国开发计划署等国际组织共同发起并组建的国际性扶贫机构。该中心致力于开展减贫研究，分享发展经验，推动国际交流，促进南南合作，旨在为世界消除贫困事业作贡献。非洲作为发展中国家最为集中的大陆，一直是中国国际扶贫中心重要的工作对象。经过几年的发展，该中心现已成为全球唯一专职从事减贫研究、培训、交流和合作的国际平台。

在研究方面，中国国际扶贫中心注重从理论和实践层面进行国际减贫经验总结、减贫发展合作、减贫

① 本部分内容根据中国国际扶贫中心提供的资料及网站（http：//www. iprcc. org. cn）相关信息整理而成。

影响评估等方面的课题研究，自行发布课题或与其他国家、国际组织合作，完成了一大批相关研究成果，如《中国与非洲的发展与减贫：多元视角的比较》（2012）、《中非减贫合作——坦桑尼亚案例》（2012）、《中国对非援助与投资与非洲的工业化问题研究》（2016）、《信息通讯技术的使用与非洲国家的减贫与可持续发展问题》（2016），以期服务于中国对非减贫合作实践。

在培训方面，该中心建立了较为完善的国际减贫培训体系，从2005年至2018年5月底，该中心共参与举办了专门面对非洲国家的80多期有关减贫的研修班（参见表3-1），各类研修班期次近几年呈现增多之势。从研修班培训对象看，有的是面向发展中国家，有的是专门针对非洲国家的专向研修班。来自阿尔及利亚、贝宁、布隆迪、南非、苏丹、坦桑尼亚、乌干达、赞比亚、津巴布韦等非洲40多个国家约2000名非洲各级官员参加了各期次培训。每期培训时间7—15天。培训的主要内容包括：国际减贫的理论与实践、中国经济发展与减贫的经验、中国扶贫开发的政策与举措、中国的农业发展与农村治理等等。培训形式主要包括理论讲解、经验介绍、案例分析、实地考察和参与式讨论，提高了学员对中国减贫发展的感性和理性认识。

表3-1 2005—2018年5月31日年中国国际扶贫中心参与举办的研修班统计

| 时间 | 研修班名称 |
| --- | --- |
| 2005年 | 中国扶贫经验国际研修班 |
| 2006年 | (1) 非洲国家扶贫政策与实践官员研修班；(2) 发展中国家扶贫部门高级官员研讨班 |
| 2007年 | 开发式扶贫政策与实践非洲官员研修班 |
| 2008年 | (1) 中非共享发展经验高级官员研讨会；(2) 参与式扶贫政策与实践官员研修班；(3) 贝宁消除贫困发展经济研修班 |
| 2009年 | (1) 开发式扶贫政策与实践非洲官员研修班；(2) 中非共享发展经验高级研讨会 |
| 2010年 | (1) 苏丹民间组织扶贫能力建设培训班；(2) 非洲法语国家推进MDG进程中的减贫与社会发展政策研修班；(3) 中非共享发展经验高级研讨会——经济特区及基础设施发展 |
| 2011年 | (1) 非洲法语国家千年发展目标和可持续减贫官员研修班；(2) 非洲英语国家民间组织扶贫能力建设研修班；(3) 坦桑尼亚农村发展与减贫官员研修班；(4) 发展中国家扶贫规划制定与实施研修班；(5) 中国—国际农发基金第三届南南合作研讨班；(6) 尼日利亚发展援助管理官员研修班 |
| 2012年 | (1) 发展中国家千年发展目标与可持续减贫官员研修班；(2) 非洲法语国家开发式扶贫政策与实践官员研修班；(3) 发展中国家农村发展与减贫官员研修班；(4) 非洲法语国家农村公共服务与综合性减贫官员研修班；(5) 中国—国际农发基金第四届南南合作研讨班；(6) 坦桑尼亚农村水利发展与减贫研修班；(7) 发展中国家制定与实施农村发展与减贫战略规划官员研修班；(8) 非洲法语国家"实现联合国千年发展目标"官员研修班 |
| 2013年 | (1) 尼日利亚减贫战略研修班；(2) 2013年非洲法语国家开发式扶贫政策与实践官员研修班；(3) 2013年发展中国家农村发展与减贫官员研修班；(4) 多哥扶贫规划制定与实施研修班；(5) 中国与国际农发基金第五届南南合作研讨班；(6) 坦桑尼亚社区发展理论与实践培训班；(7) 2013年葡语国家开发式扶贫政策与实践官员研修班 |
| 2014年 | (1) 南非农村发展与减贫研修班；(2) 2014年非洲英语国家千年发展目标与可持续减贫官员研修班；(3) 2014年非洲法语国家制定和实施发展与减贫政策官员研修班；(4) 2014年非洲法语国家开发式扶贫政策与实践官员研修班；(5) 2014年第一期桑给巴尔减贫官员研修班；(6) 2014年第一期南非农村企业发展研修班；(7) 2014年非洲英语国家千年发展目标与可持续减贫官员研修班；(8) 2014年非洲法语国家制定和实施发展与减贫政策官员研修班；(9) 2014年非洲法语国家开发式扶贫政策与实践官员研修班；(10) 2014年第二期桑给巴尔减贫官员研修班；(11) 2014年第二期南非农村企业发展研修班；(12) 南非农村企业发展政策与实践研修班 |

续表

| 时间 | 研修班名称 |
| --- | --- |
| 2015 年 | （1）2015 年非洲英语国家千年发展目标与可持续减贫官员研修班；（2）2015 年非洲英语国家农村发展与减贫官员研修班；（3）2015 年第一期南非农村发展政策与实践研修班；（4）2015 年非洲法语国家开发式扶贫政策与实践官员研修班；（5）2015 年非洲英语国家完善精准扶贫机制与综合减贫官员研修班；（6）2015 年非洲英语国家公共服务与减贫政策官员研修班；（7）2015 年马里减贫能力建设官员研修班；（8）2015 年非洲英语国家经济社会治理与综合减贫官员研修班；（9）2015 年第二期南非农村发展政策与实践研修班；（10）2015 年非洲英语国家缩小收入分配差距与减贫官员研修班；（11）2015 年第三期南非农村发展政策与实践研修班；（12）第七届中非共享发展经验高级研讨班 |
| 2016 年 | （1）2016 年发展中国家包容性增长与持续减贫官员研修班；（2）2016 年非洲法语国家开发式扶贫政策与实践官员研修班；（3）2016 年第一期南非农村发展政策与实践研修班；（4）2016 年发展中国家农村发展与减贫官员研修班；（5）2016 年发展中国家可持续发展经济政策研修班暨 2016 年发展中国家制定和实施发展与减贫政策研修班；（6）2016 年喀麦隆减贫致富经验交流研修班；（7）第八届中非共享发展经验高级研讨班；（8）2016 年发展中国家公共服务与减贫官员研修班；（9）2016 年刚果（金）高层交流与合作部长研讨班；（10）2016 年第二期南非农村发展政策与实践研修班 |
| 2017 年 | （1）2017 年发展中国家可持续发展经济社会政策官员研修班；（2）2017 年发展中国家信息化扶贫与建档立卡官员研修班；（3）2017 年第一期南非农村发展政策与实践研修班；（4）2017 年非洲法语国家开发式扶贫政策与实践官员研修班；（5）2017 年发展中国家农村交通建设与水利扶贫官员研修班；（6）2017 年发展中国家包容性增长与持续减贫官员研修班；（7）2017 年发展中国家金融扶贫官员研修班；（8）2017 年发展中国家城乡协调发展与减贫官员研修班；（9）2017 年发展中国家生态与旅游扶贫官员研修班；（10）2017 年发展中国家完善精准扶贫机制与缩小收入差距官员研修班；（11）2017 年发展中国家公共服务与减贫官员研修班；（12）第八届中国—国际农发基金南南合作研讨班暨第九届中非共享发展经验高级研讨班；（13）2017 年发展中国家医疗与健康扶贫官员研修班；（14）2017 年第二期南非农村发展政策与实践研修班；（15）2017 年发展中国家农村发展与减贫官员研修班；（16）2017 年发展中国家中小企业发展与民间组织扶贫能力建设官员研修班；（17）2017 年亚信国家农村发展与减贫理论与实践官员研修班 |
| 2018 年（截至 5 月 31 日） | （1）2018 年发展中国家可持续发展经济社会政策官员研修班；（2）2018 年发展中国家包容性增长与持续减贫官员研修班 |

资料来源：笔者根据中国国际扶贫中心网站（http：//www. iprcc. org. cn/Home/Index/skip/lid/7. html）的相关信息整理。

在交流方面，中国国际扶贫中心每年举办“10.17减贫与发展高层论坛”“名人讲坛”，架设国际减贫交流的国际平台，促进国际减贫经验的交流与分享。例如，2010年7月21日，美利坚大学国际服务学院教授、著名中国事务专家德布拉·布莱提恩教授（Deborah Brautigam）应邀作客第五期“名人讲坛”，作题为“龙的礼物：中国在非洲的真实故事”专题演讲。10月17日，该中心举办了第四届国际减贫与发展高层论坛，论坛重点围绕“转变发展方式与减贫”这一主题展开。此外，该中心已将举办“中国—非洲减贫论坛”列入发展计划中。2010年11月1日，由该中心与联合国开发计划署及埃塞俄比亚政府共同主办的“首届中非减贫与发展会议”在亚的斯亚贝巴召开。来自非洲大陆、中国、国际组织以及私营部门的决策者、学术界精英等250多名代表出席了本次大会，促进了中非在减贫领域的交流。直到2017年年底，该中心共举办七届“中非减贫与发展会议”，会议围绕中非减贫经验、农业发展与减贫、基础设施与减贫、经济特区与减贫、产业发展与减贫等议题展开研讨。经过七年多时间的努力，该会议已成为中国对非减贫交流的核心平台之一，并于2015年正式纳入中非合作论坛框架，作为落实《中国和非洲联盟加强中非减贫合作纲要》的一项重要内容。2017年9月，“第七届中非减贫与发展会议”在毛里求斯举行。来自中国和毛里求斯、埃及、喀麦隆、埃塞俄比亚、加蓬、冈比亚、马拉维、尼日利亚、乌干达、赞比亚、肯尼亚、南非12个非洲国家的政府官员、专家学者、国际组织、非政府组织、企业及媒体代表等100多人参会。此次会议的主题是“中国和非洲：携手应对减贫新挑战”。与会者交流各国减贫经验和挑战，寻求推进中非减贫合作的更有效路径。①

在合作方面，以分享中国减贫经验为核心内容，中国为非洲国家派遣减贫专家，提供政策咨询，开展减贫试点项目，建立减贫合作中心等。坦桑尼亚是中国最早进行对外扶贫合作的国家之一。2012年7月，中国国际扶贫中心与坦桑尼亚总统府计划委员会（POPC）合作建立的莫罗戈罗省佩雅佩雅村村级减贫学习中心项目正式启动，由中国农业大学李小云教授及其研究团队负责实施，这是中国国际扶贫中心在非洲建立的第一个村级减贫示范项目。项目实施5年来，通过培训种植业示范户、养殖业示范户和加工业示范户等小规模示范活动与当地村民共享中国农村减贫经验，帮助当地农民脱贫。中国的专家团队为项目提供了全面的技术支持并参与了项目的全过程，参与农户

① 参见人民网 http：//world. people. com. cn/n1/2017/0908/c1002 - 29523175. html，2018 - 05 - 17。

的玉米种植产量平均提高了2—3倍。[①]

2. 中国扶贫基金会与苏丹比尔特瓦苏的公益合作项目[②]

中国扶贫基金会的苏丹援助项目实施了近十年，主要是两项："援建苏丹妇幼保健系统示范项目"和"苏丹微笑儿童项目"。2009年10月，中国扶贫基金会代表团访问苏丹，并与当地比尔特瓦苏慈善组织（Sudan's Al Birr and Al-Tawasul Organization，BTO）[③]、新月会、妇盟、贫困母亲救助协会等非政府组织，以及苏丹卫生部、人道事务署等苏丹政府部门进行了会谈，并与比尔特瓦苏慈善组织签署了合作备忘录。中国扶贫基金会与苏丹减贫合作项目的确立，标志着该机构国际化战略进入实际操作阶段，也表明该机构与非洲国家开启首个合作项目——"援建苏丹妇幼保健系统示范项目"。2009年12月，该机构正式组建国际发展部，制定了明确的部门规划，并通过专业化运作方式开展国际减贫合作。

---

① 参见中国农业大学网站 http：//news. cau. edu. cn/art/2017/10/14/art_ 8769_ 538505. html, 2018 - 05 - 17。

② 本部分材料一部分由中国扶贫基金会提供，另一部分参见中国扶贫基金会网站 http：//www. cfpa. org. cn/project/GJProject. aspx? id = 51, 2018 - 05 - 17。

③ 比尔特瓦苏慈善组织是一家非营利组织，成立于2000年，于2004年正式注册。该组织的目标是通过满足苏丹妇女儿童的服务需求，改善苏丹妇女儿童的生活条件。

“援建苏丹妇幼保健系统示范项目”实施周期为3年，即2010年5月至2013年4月30日。中国扶贫基金会同苏丹进行的这项减贫合作项目，以降低当地孕产妇死亡率为主要目标，开展三方面的工作：一是帮助完善苏丹农村地区的基础医疗设施；二是提高苏丹农村医院的管理和医疗水平；三是建立健全苏丹农村妇幼保健网络。按照《援建苏丹妇幼保健系统示范项目》规划，拟借鉴该机构实施的“母婴平安项目”的成功经验，目前，该项目已稳步展开。

2009年12月，中国扶贫基金会援助苏丹的医疗设备正式启运。这批援助苏丹的物资包括12套妇幼保健医疗设备和500支手摇式太阳能手电收音机。每套医疗设备由便携式“B超”机、婴儿保温箱和高压消毒锅3种设备组成，将捐赠给12家苏丹妇幼保健医院，以提高当地妇幼保健水平。手摇式太阳能手电收音机将捐赠给苏丹的返乡难民，为他们的日常生活带来便利，并帮助他们及时了解外界信息。2010年4月，苏丹民间组织扶贫能力建设培训班在中国成功举办（中国扶贫基金会和中国国际扶贫中心合办）。20名来自苏丹比尔特瓦苏等9家组织和苏丹卫生部的学员参加了此次培训。2010年9月，中国扶贫基金会援助苏丹的15个集装箱“彩钢房医院”材料启运。这次援建的彩钢房医院为苏中阿布欧舍友谊医院。医院占地面积2000平方米，是以妇幼保健为主，兼顾外科、内科、牙科、眼科和耳鼻喉科等科室的综合性医院。医院建成以后，将极大改善阿布欧舍医院的医疗环境，提高阿布欧舍地区的妇幼保健水平。

通过援建彩钢房医院、能力培训和构建母婴保健网络3项项目活动，中国扶贫基金会的援建妇幼保健系统示范项目在苏丹援建13所医院①及医疗设备，培训27家医院管理和医护人员240人次，派遣60人次志愿者在27家医院开展实地工作。该项目的成功实施，覆盖约184万农村贫困人口，每年有近6.8万母婴直接受益。② 其中，2011年竣工投入使用的阿布欧舍友谊医院，以妇幼保健为主，兼具内科、外科、儿科、牙科、眼科、耳鼻喉等科室，建有剖宫产房、分娩室、门诊手术室、X光射线室、B超室、化验室、麻醉室、血库等，配备15名医生（中国医生8名，当地医生7名），以及40余名护士。医院门诊接诊量平均每年高达50452人次，极大满足了当地百姓的就医

① 本项目援建苏丹13所彩钢房医院，其中阿布欧舍友谊医院为示范性医院，其余12所医院为基金会在苏丹的合作伙伴比尔特瓦苏计划建立但尚未建立的妇幼保健院。这13所医院有8所位于北部州，5所位于南部州，选址地点都是农村居民点。

② “援建苏丹妇幼保健系统示范项目”由中国扶贫基金会提供，特此致谢！

需求，大大提升了医院对病患的服务能力。①

“苏丹微笑儿童供餐项目”是针对苏丹国内儿童粮食与营养不足状况而实施的为该国7所小学受饥儿童提供免费早餐援助项目，以期帮助苏丹贫困儿童健康成长。2014年5月，比尔特瓦苏慈善组织在访问中国扶贫基金会时，双方就支持苏丹饥饿儿童事宜签订合作协定。中国扶贫基金会决定分3年资助该国部分在校饥童，每年捐赠90万元，合计270万元。2015年8月，该项目正式启动，ISKAN102、HARA65、HARA81三所小学接受该项目的援助，受益儿童2030人。2016年，得益于华夏西部公司、腾讯爱心网友、蚂蚁财富有限公司等捐赠资金，中国扶贫基金会投入150万元，扩大了对苏丹在校贫困小学生的救助，受益儿童增加到3630人。②

中国对非减贫合作无论是官方，还是民间；无论中央政府，还是企业，事实上，官方发展援助、企业、非政府组织形成了对非减贫合作的合力。从中国对非官方发展援助看，帮助非洲国家解决民生问题日益成为援助的核心；从中资企业对非投资合作看，随着非

① 张琼英：《中国扶贫基金会苏丹公益项目落地开花》，载中国网 http://news.china.com.cn/txt/2017-05/09/content_40773172.htm，2018-05-17。

② 参见中国扶贫基金会网站 http://www.cfpa.org.cn/project/GJProject.aspx?id=51，2018-05-17。

洲国家对境外投资法制、法规、政策的完善，以及企业在非洲开展业务经验、教训的认知，中国企业通过主动履行社会责任成为大势所趋；从中国非政府组织参与非洲减贫行动的趋势看，这些非政府组织大多有官方背景，是自上而下成立的，其各项工作得到政府部门、国际组织等各方的支持。况且，随着中国社会经济的快速发展，有越来越多的企业家或普通民众具有国际视野，把扶贫济困对象由国内拓展至国外，源于非政府组织推动的中非减贫合作将有巨大的潜力与空间。从中非减贫合作实施的主体构成看，政府主导作用凸显。政府参与非洲减贫历史达数十年，贯穿中国与非洲国家建立外交关系以来的友好发展之始终，无论从双方减贫合作的领域、规模、强度，均体现引领地位。而企业与非政府组织也以其独特的方式，开展了一系列积极有效的行动，对中非减贫合作起到了有力的补充作用。

基于对贫困与反贫困理论认知的提高，中非减贫合作从初始的慈善功能，向改善非洲贫困人口生产、生活条件，提高自我发展、自我减贫能力，乃至减贫发展经验的分享转变，双方合作层次越来越高。

# 第四章　中非减贫合作的发展方向

坚持“政府主导[①]、社会参与[②]、自力更生[③]、开发扶贫[④]、全面发展[⑤]”的减贫理念，并付诸实施，这是符合中国国情的减贫发展道路。这其中也蕴含着可资其他发展中国家借鉴的经验，对非洲等国探寻符合自己国情的减贫道路具有一定的分享价值。当下，中

---

① 所谓政府主导，就是坚持把扶贫开发纳入各级政府重要议事日程。

② 所谓社会参与，就是发挥社会主义制度的优势，动员和组织包括东部沿海省市、各级党政机关在内的各方面社会力量，参与贫困地区的开发建设。

③ 所谓自力更生，就是鼓励和支持贫困群众在政府和社会各界的帮助下，克服等、靠、要思想，艰苦奋斗，依靠自身的努力，改变落后面貌。

④ 所谓开发扶贫，就是坚持开发式扶贫的方针，努力改善基本生产生活条件，发展经济，增加收入，提高贫困地区和贫困人口的自我积累和自我发展能力。

⑤ 所谓全面发展，就是按照科学发展观的要求，全方位治理贫困，把自然资源开发和人力资源开发结合起来，把扶贫开发与生态环境保护建设结合起来。

非减贫合作面临着新机遇，助推非洲国家加快减贫步伐。

## 一 可供非洲国家选择的中国减贫经验

经过数十年的发展，中国在持续的减贫之路上不断探索与总结，积累并形成了符合中国国情的独特减贫模式。针对非洲国家贫困的原因与现存的问题，中国在以下方面的做法值得关注：

### （一）发挥政府的主导作用

政府作为强制性制度供给的主体、管理和使用公共资源的主体和社会经济发展的直接干预者，通过政策工具、选择经济与社会发展模式，可以有力地影响国家减贫的进程和效果。鉴于此，中央政府建立了完整的反贫困政府组织机构与管理体系，1986 年 6 月成立了国务院贫困地区经济开发领导小组（1993 年更名为国务院扶贫开发领导小组），负责组织、领导、协调、监督、检查总体扶贫开发工作，并在其下设立办公室，并在全国各省、地、县三级也都陆续成立了专门的扶贫机构，配备了专项人员，确立了相应的扶贫职能，明确将扶贫作为各级政府的重要工作任务，实行扶贫工作党政“一把手”负责制，把扶贫开发的效果作为考核这些地方党政主要负责人政绩的重要依据。这种自上而下的组织网络的形成和各项工作职能的不断履行负责扶贫开发的具体工作，如拟订有利于穷人的政策、规划并组织实施，协调社会各界扶贫协作。

政策实施成功与否，关键在于执行。中国政府把建立工作责任制、加强干部队伍和机构建设作为保障扶贫政策执行力的关键，采取有效措施保证扶贫政策的落实。实行扶贫工作党政“一把手”负责制，把扶贫开发的效果作为考核这些地方政府主要负责人政绩的重要依据。加强贫困地区干部队伍建设。加强贫困人口精准识别，采取精准帮扶措施。进行精准管理，落实精准考核指标。例如，贫困县为实现2020年全部贫困人口脱贫奔小康的目标，均建立了以扶贫为中心的工作机制，把扶贫攻坚视为与贫困做斗争的一场战役。在湖北省恩施州利川市，创立了精准扶贫指挥系统，精准扶贫因人施策。例如，从政府机关派3—5名驻村干部，在贫困村任第一书记或村主任助理，帮助制订贫困村和贫困户的脱贫计划，细化落实帮扶项目，同时规定每名驻村干部一年不少于180天的时间在贫困村同吃同住。另一方面，县、乡、村领导与贫困户结成帮扶对子，即每名帮扶干部每人有2—3个贫困联系户，定户、定人、定时、定责帮扶，包括找到脱贫的点子，根据每个贫困户的特点，因人施策。① 中国的减贫行动得到中央政府的直接主导，并承担减贫的最主要责任，通过强力干预，推动了国家减贫工作的稳步向前发展。

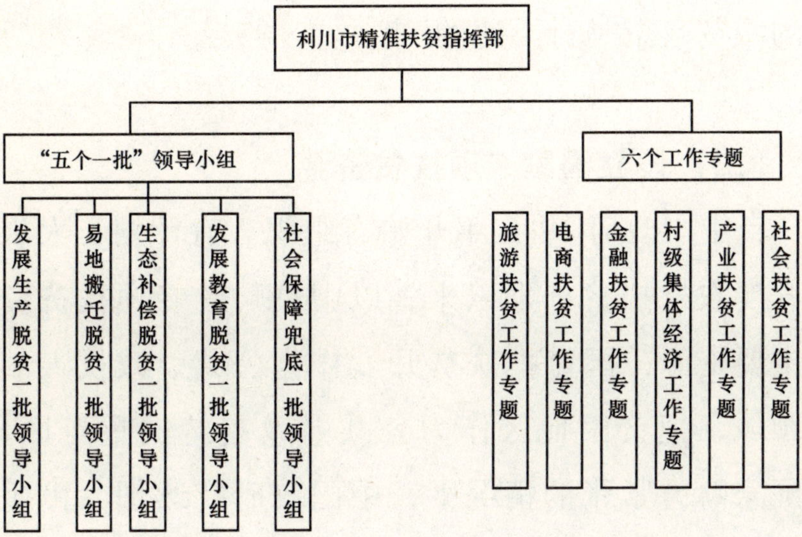


**图 4－1　利川市扶贫“1＋5＋6”指挥系统**

资料来源：笔者于 2017 年 5 月 23 日在利川市委会议室现场拍摄。

关于减贫领导力和执行力问题，已经得到非洲部分国家的重视。2017 年 10 月，坦桑尼亚驻华大使姆贝尔瓦·凯鲁基（Mbelwa Kairuki）就曾这样评价中国精准扶贫：中国在减贫事业上取得的巨大成就归功于中国共产党的坚强领导。“中国国家主席习近平及各级官

① 2017 年 5 月 23—26 日，笔者赴湖北省恩施州利川市调研当地精准扶贫的做法。

员秉持人民至上的理念，经常深入贫困地区走访，了解当地的实际情况，掌握第一手信息，制定相关扶贫政策。这一宝贵经验值得世界各国，特别是同样处在减贫进程中的非洲国家认真学习和借鉴。”他说，“减贫事业需要所有的领导者行动起来，脱离基层制定出来的减贫政策是行不通的”[①]。

### （二）设立国家专项扶贫资金

自中国政府1986年开始有组织、有计划、大规模地开展农村扶贫开发以来，以中央财政专项扶贫资金为主要资源，国家把扶贫开发作为公共财政投入的优先领域，把贫困地区作为公共财政支持的重点区域。在国家财力紧张的情况下，中国政府持续加大民生投入，全面推进精准扶贫、精准脱贫。1986年，中央财政专项支出仅有19亿元，到2017年达到861亿元（图4－2）。中央财政专项扶贫资金的支出方向包括：扶贫发展、以工代赈、少数民族发展、“三西”[②]农业建设、国有贫困农场扶贫、国有贫困林场扶贫。[③]当

① 焦梦等：《世界政要学者高度评价中国精准扶贫》，参见东方网 http：//news. eastday. com/c/20171017/u1a13352066. html，2018－05－12。

② “三西”地区指甘肃的河西、定西和宁夏的西海固，1982年成为中国第一个区域性扶贫开发试验地。

③ 参见《中央财政专项扶贫资金管理办法》，http：//www. gov. cn/xinwen/2017－03/24/content_ 5180423. htm，2018－04－11。

下，在精准扶贫政策之下，把资金使用与贫困户建档立卡结果相衔接，与脱贫成效相挂钩，切实使资金惠及贫困人口。正是持续且强有力的减贫专项资金的投入，确保了国家减贫计划得以实施。

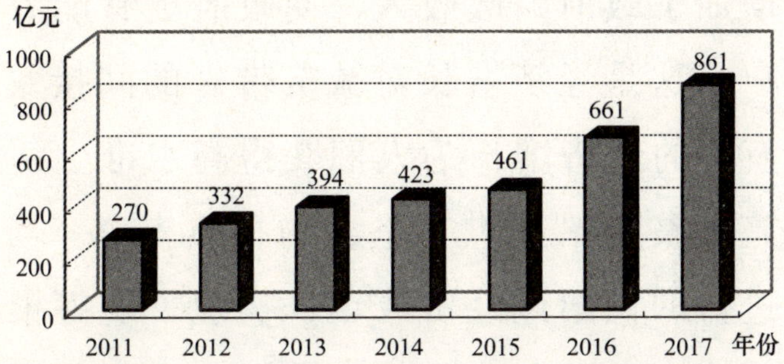


**图4－2　2011—2017年中央财政专项扶贫资金额**

资料来源：根据中国财政部、国家统计局网站相关资料整理。

## （三）保持强劲的经济增速

对于发展中国家来说，减贫政策从蓝图到实施离不开国民经济强劲且高质量的增长，持续而稳定的经济增速是发展中国家实现减贫的前提与基础。中国的情况亦如此。改革开放以来，中国经济的年均增长速度一直保持在中高增势，即使在全球经济危机的国际背景下，2009年国内生产总值同比增长也达到9.1%的佳绩，2010年上半年同比增长11.1%。[①] 在2013—

① 中华人民共和国外交部、联合国驻华系统：《中国实施千年发展目标进展情况报告》（2010年），第7页，http://www.docin.com/p-95837355.html，January 19，2011。

2017 年中国经济进入内在质量调整的时期，年均经济增长率也保持在7.1%。快速而包容性的经济增速，一方面可以为贫困人口提供更多和更好的就业和创收机会，这是经济增长对减贫的直接效应（图4－3）；另一方面增加了政府财政收入，使政府更有能力去帮助贫困人口，这是经济增长对减贫带来的间接效应。由此，强有力的经济增长为人们获得高水准生活质量和政府实施利贫举措提供了坚实的物质支撑。当下，中国正在进行的供给侧经济改革，实现了统筹推进稳增长、调结构、惠民生的预期结果。2017 年，农村居民人均可支配收入13432 元，比上年增长8.6%，扣除价

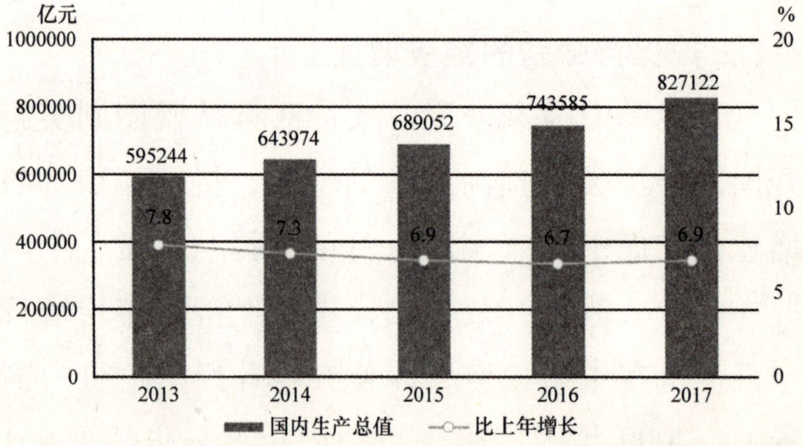


图4－3 2013—2017 年中国国内生产总值及其增长速度

资料来源：《中华人民共和国2017 年国民经济和社会发展统计公报》，载中国国家统计局官网 http：//www.stats.gov.cn/tjsj/zxfb/201802/t20180228_1585631.html，2018－04－05。

格因素，实际增长7.3%。[①]

**（四）以农业发展促减贫**

从地域上看，中国的贫困人口主要分布在农村，因此解决中国的贫困问题实质上就是农村的减贫问题。从广义上看，中国的扶贫行动发端于20世纪50年代的土地改革，政府将土地等主要农业生产资料划归个人所有，广大农民获得减贫资源——土地的使用权，有效地促进了农业生产力的发展和农村人口福利水平的提高。继而，政府又实施了给予粮食作物生产农业补贴、取消农业税、建立新型农村合作医疗制度、免除农村义务教育阶段贫困学生学杂费，以及整村推进扶贫等一系列有利于“三农”的政策措施[②]，既解决农民的温饱及基本生活需要问题，又为国家可持续发展与减贫奠定了良好的基础。[③] 值得注意的是，在国家

① 《中华人民共和国2017年国民经济和社会发展统计公报》，载中国国家统计局官网 http：//www. stats. gov. cn/tjsj/zxfb/201802/t20180228_1585631. html，2018－04－05。

② 2010年7月，笔者曾赴湖北省恩施地区一贫困乡进行为期一周的贫困调查，通过深入农户走访、座谈，对国家实施的惠农措施，如整村推进计划农资综合直补、粮食直补、良种补贴、退耕还林补贴、家电下乡补贴、新农村合作医疗制度、结对帮扶举措等实施情况有了一定感性了解。

③ 一些学者研究发现，1981—2004年间，中国的农业增长对全国减贫的影响约为制造业或服务业增长影响的4倍。Martin Ravallion，“Are There Lessons for Africa from China's Success against Poverty?”，Policy Research Working Paper，No. 4463，p. 9。

政策层面，政府始终把帮助农民摆脱贫困、走向富裕作为国家政策的核心。中共中央在1982—1986年连续五年发布以农业、农村和农民为主题的“中央一号文件”（即中共中央每年发布的第一份政府文件），对农村改革和农业发展作出具体部署。2004—2018年，中国政府又连续15年发布以“三农”（农业、农村、农民）为主题的“中央一号文件”，强调了“三农”问题在中国经济与社会发展中“重中之重”的地位。2018年“中央一号文件”的核心是关于实施乡村振兴战略的意见。由此看，正是在农业大力发展的背景之下，解决了贫困人口的温饱问题，夯实了减贫的基础。

### （五）解决贫困人口就业问题

扩大就业的根本出路得益于工业化与第三产业的快速发展，这些产业具有能够大量吸收劳动就业的特征。事实上，中国强劲的经济增长过程正是与快速工业化进程相伴而行的，尤其是制造业发展引人注目。据中国国家统计局的统计，2013—2017年间中国的工业增长率年均为6.6%，2017年制造业增长7.2%。[①]与印度等国相比，中国的工业化具有更强的劳动密集

① 《中华人民共和国2017年国民经济和社会发展统计公报》，载中国国家统计局官网 http：//www.stats.gov.cn/tjsj/zxfb/201802/t20180228_1585631.html，2018-04-05。

型特征，因此制造业从业人员工资收入的增速会为其家庭创造更好的生活质量。与此同时，第三产业门类愈加丰富。例如，随着近年电子商务发展迅猛，快递服务类业务量激增，2013—2017 年快递业务量年均增速为 48.2%。而进行货物运输的“快递小哥”绝大多数都来自农村，数千元的月收入大大改善了他们的生活质量。不仅如此，中国政府还实施了针对农村贫困人口的劳动力转移培训工程——“雨露计划”，通过开展有针对性的贫困人口劳动技能培训，提高贫困劳动力转岗就业技能和自我脱贫能力。

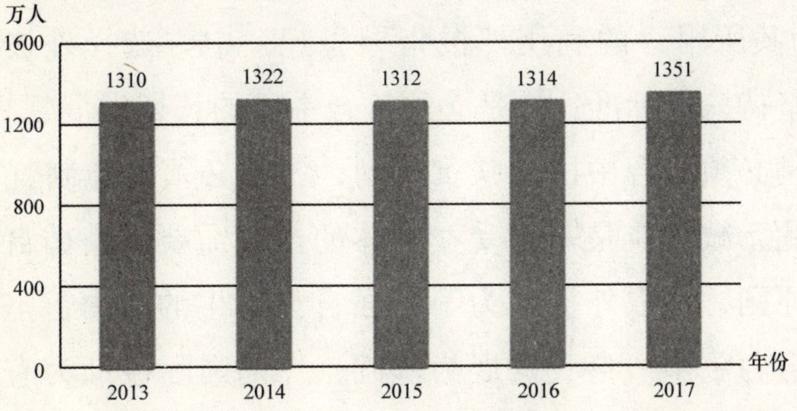


图 4-4 2013—2017 年中国城镇新增就业人口

说明：城镇新增就业人口包括大量来自农村的农民工。

资料来源：《中华人民共和国 2017 年国民经济和社会发展统计公报》，载中国国家统计局官网 http：//www.stats.gov.cn/tjsj/zxfb/201802/t20180228_1585631.html，2018-04-05。

### （六）处理好自力更生与争取外援的关系

可持续减贫的关键在于贫困人口自身具有减贫的内生动力，主要依靠自我努力来实现脱贫减贫。也就是说，在减贫进程中，中国各级政府通过产业扶贫、金融扶贫等方式，尊重贫困人口在扶贫开发中的主体地位，调动他们脱贫的主动性、积极性和创造性，实行参与式扶贫。当然，外援也是中国减贫的重要外部力量，有助于中国合理吸收和借鉴国际社会多年积累的扶贫经验和成功的扶贫方式，提高中国扶贫开发的整体水平。基于此，中国政府确立了“以我为主”和“为我所用”的利用外援指导思想。中方选择外援项目坚持三大标准：一是必须符合中国的长期发展规划；二是必须符合中国的扶贫计划；三是必须因地制宜。[①]由此，减贫应是基于受益群体的内在需要，遵循自主化原则，争取外援是为了增强自力更生的能力，坚持以自力更生、自我发展为基础，外部国际援助为有力支持，使贫困人口主要依靠自身力量实现了摆脱贫困的目标。

上述中国减贫经验针对非洲而言，涉及减贫领导

---

① 参见周弘《中国对外援的管理》，载于“国际发展合作：增长与减贫经验的分享”国际研讨会会议资料，中国国际扶贫基金会，2009年10月28日。

力和执行力、农业发展与粮食安全减贫资金、解决就业、合理利用外援等诸方面，而这些方面正是非洲减贫过程中遇到的难点。在中央政府的治理方面，非洲国家的多党制、部族主义、经济自由化等因素消解着政府权威与执行力，造成非洲国家的政府比较软弱，难以保证国家经济发展战略的可持续性。在经济增长模式方面，非洲的农业生产发展水平低下，农村经济落后，掣肘农业减贫，经济增长往往伴随着就业不足问题。在利用外援方面，很多非洲国家都存在“援助依赖症”，未形成国家发展战略或减贫战略与争取外援的有效统一。因此，上述中国在减贫政策实施中的做法在一定程度上可为非洲国家所借鉴。但基于非洲各国国情不同、致贫因素各异，非洲国家只能有选择地分享中国的经验，而且还要经历国际经验的本土化过程，才能真正助推非洲的减贫事业。

## 二 中非减贫合作的新机遇

中非减贫合作的新机遇既有外部国际环境因素，又有中国与非洲因素，还有双方互动因素。

### （一）南南国家减贫合作模式影响力上升

纵观全球减贫合作的发展轨迹，长期以来，发达国家以其较为快速的经济发展和占优势的教育、科技、文化水平，在对非减贫合作中占据主流。随着近些年非洲国家在改善民生方面出现的新问题，对国际减贫合作模式、内容、方式等也提出了新挑战。中国在与非洲国家减贫合作中所采用的加强基础设施建设、农业技术合作以及减贫人力资源培训（尤其是分享中国减贫的经验）等做法，丰富与发展了国际减贫合作的内容。国际减贫合作正从以“南北合作模式”为主向“南北合作模式”与“南南合作模式”双向度趋势发展。当然，发达国家作为“南北合作模式”的一方，是非洲国家减贫战略与实践的重要外部支撑，其提供的援助资金和实施的援助项目对非洲国家的减贫事业有一定的推动作用。但是，基于发达国家的国际援助价值取向，国际援助中存在的附带条件性、履约的脆弱性、政治偏向性等缺陷，为非洲国家所诟病。① 而发展中经济体在对非援助体系中的出现，为非洲国家对外减贫合作注入了新的“血液”，也为之提供了多元化的合作主体。由此，在减贫合作领域出现的“南北合作模式”和“南南合作模式”将在非洲形成减贫绩效的参照系。中国以创新发展理念参与其中，非洲国家可以选择更多的外部合作伙伴，支持本国的减贫战

① 关于发达国家对非援助的作用，参见安春英《非洲的贫困与反贫困问题研究》，中国社会科学出版社2010年版，第204—212页。

略与行动。鉴于此，联合国粮农组织副总干事丹尼尔·J. 古斯塔夫森（Daniel J. Gustafson）高度评价南南合作在消除贫困方面的作用，他认为：南南合作将中国和其他发展中国家汇聚一堂，旨在分享经验、技术和知识……分享经验可以为面临类似挑战的发展中国家带来利益最大化，为政策制定者汲取灵感，从而使成功战略适应不同环境。南南合作一直以来对“千年发展目标”作出了重要贡献，而且在“可持续发展目标”框架中会继续发挥关键和日益重要的作用。①

中非减贫合作属南南合作的一部分。中非友谊源远流长，基础深厚。20 世纪五六十年代以来，中非双方通过在政治、经济、文化等领域的真诚友好、平等互利的合作，使双方友谊更加坚实。中国几千年文明发展史，蕴藏着深厚的文化积淀，扶贫济困、守望相助是中华民族的传统美德。中华人民共和国成立 60 多年来，一直本着国际主义和人道主义精神，量力而行、尽力而为地向非洲国家提供形式多样、真诚无私的援助，体现了中方长期而坚实的国际主义情怀，促进了非洲国家的经济发展与民生改善。20 世纪 90 年代以来，中国企业“走出去”步伐加快，顺应了发展南南合作的新思路和新政策，企业在当地发展中社会责任

① 古斯塔夫森：《联合国粮农组织：投资农业减贫的关键》，载《中国投资》2018 年 4 月号。

渐增，具有了一定的公民意识，把参与慈善事业作为一项有良好经济效益的企业社会投资，通过构建以人为本的企业文化及参与非洲当地的社区发展项目，以期树立企业的公益形象。而中国国内有关减贫与发展的非政府组织，将其服务对象逐渐放宽，国际视野渐增，已陆续启动中非减贫合作项目，其中中国国际减贫中心与非洲国家在此领域的合作如火如荼，颇为引人注目。可以说，中非减贫合作内容的拓展，是双方深化务实合作特点的很好体现，切实回应了非洲国家当前的发展需求，加深了中国与非洲国家的友谊，形成了具有中国特色的新型南南合作模式，符合国际减贫合作的新主流与新趋势，因此中非减贫合作的外部国际环境趋好。

### （二）非洲国家大力推进经济转型

就经济转型的概念而言，经济转型是指一个国家或地区的经济结构和经济制度在一定时期内发生的根本变化。具体地讲，经济转型是经济体制的更新，是经济增长方式的转变，是经济结构的提升，是支柱产业的替换，是国民经济体制和结构发生的一个由量变到质变的过程。这是非洲国家自独立以来一直追寻的目标。但事实上，经过半个多世纪的发展，非洲国家经济增长与发展起起伏伏，仍未完成经济转型的华丽转向，即使在最近十几年非洲经济总体出现较快的增速，经济增长质量未获根本性变化，体现为“贫困化增长”特点。目前的经济增长率对于非洲来说远远不够，勉强超出该地区的人口增长率，而部分年份（如2016年和2017年）经济增长表现“倒春寒”。据非洲发展银行于2018年年初发布的《2018年非洲经济展望》报告指出，2000—2008年，非洲就业率增长2.8%，是同期经济增速的一半；2009—2014年间，非洲总体就业增长率为3.1%，比同期经济增速低1.4个百分点。虽然近几年非洲大部分国家都保持了经济增长，但是就业并没有相应增加。2017年，非洲只有阿尔及利亚、摩洛哥、喀麦隆、布隆迪和博茨瓦纳五国就业增长超过4%，其他国家或是原地踏步，或是在经济增长的同时反而出现了负增长。①

面对这种“贫困化增长”态势，非洲国家已经认识到：要在发展经济的同时，特别注重增加就业，尤其是注重解决青年群体的就业问题。这是因为，当下整个非洲每年新增人口1200万，到2050年，非洲人口预计将翻倍，由目前的12.5亿增至25.7亿，占全球人口数的1/4。未来20年，10—24岁的人口占比将超过30%，为此，非洲各国出台了《非洲加速工业发

① African Development Bank, *African Economic Outlook 2018*, 2018, p. 6.

展行动计划》（2007）、非盟《2063 年议程》（2013）、《转型中的非洲工业政策》（2016）等政策文件，发展劳动密集型产业，例如手工业、服务业、现代农业等，千方百计增加就业，以期尽早解决困扰非洲的贫困和两极分化不断增大的问题，实现包容型经济增长。其中，经济转型的关键在于经济结构的优化，也就是要加大制造业在国民经济贡献中的比率。我们知道，制造业是吸纳劳动就业的主渠道，尤其是劳动密集型制造业。一般来说，每个劳动力制造业的产出约是农业的 6 倍，因此制造业在非洲有很大的发展潜力。制造业的发展与中国在非洲推进的“一带一路”产能合作高度契合，这为中非合作奠定了良好的基础条件。

### （三）中非减贫合作进入新时代

近年来，随着中国国力发展和国际地位提升，中国特色大国外交努力推进，更加重视来自非洲等发展中国家的战略助力，努力构建合作共赢的中非关系。习近平作为中国特色大国外交的总设计师，努力推进中国对非首脑外交。2013 年 3 月，习近平担任国家主席后出访首选非洲，在坦桑尼亚尼雷尔国际会议中心提出了“中非人类共同体”理念；2015 年 12 月，习近平出席中非合作论坛约翰内斯堡峰会；习近平向非盟首脑会议发贺电。与此同时，关注中国、探寻中国经济与社会发展奥秘、借鉴中国发展经验逐渐成为非洲各国政要、学者的“必修课”。中共十九大以后，吉布提、冈比亚、喀麦隆、纳米比亚、津巴布韦总统来华访问。上述频繁的政府、学界往来，极大地提升了中国的国际地位和影响，也为解决当今非洲减贫与发展全球性问题指明了方向。此外，中国在非洲推进“三网一化”建设，提出非洲发展与中非合作的“十大合作计划”，双边合作全面升级，中非合作进入了新时代，显著提高了中国在非洲的影响力、感召力和塑造力。

中国在非洲的影响力归根结底在于中国的经济发展成就与减贫实效。中国国内生产总值稳居世界第二，对世界经济增长的贡献率已超过30%。在过去30年中，全球贫困人口逐渐减少，中国成为世界上率先完成联合国“千年发展目标”的国家，中国对于全球减贫的贡献率超过70%。[①] 由此，联合国秘书长在2018年3月这样评价中国的扶贫事业：“过去10年，中国是为全球减贫作出最大贡献的国家。”[②] 中国的基础设施建设、产业扶贫、金融扶贫、教育扶贫、健康扶贫、

① http：//news. cctv. com/2017/05/26/ARTIkIyDOSn3DsKDyuvKcOTJ170526. shtml, 2018 - 04 - 09.

② 《“中国式扶贫”贡献全球减贫》，载《人民日报·海外版》2018年3月10日。

生态扶贫、培训转移、易地搬迁、社会保障兜底等“中国式扶贫”做法，丰富了全球减贫国际公共产品，为全球减贫事业贡献了中国智慧和中国力量，在非洲的国际影响力大幅提升。

感召力则折射出包括非洲大陆在内的国际社会对中国经济发展与减贫理念、中国减贫方案的广泛认同。2018 年 1 月美国《国家利益》网站发表约翰斯霍普金斯大学研究人员塞思·卡普兰的题为《具有中国特色的发展》一文，认为“中国拓展了发展中国家走向现代化的途径，给世界上那些既希望加快发展又希望保持自身独立性的国家和民族提供了全新选择；中国有资源和经验为解决人类问题贡献中国智慧和中国方案”。他认为，中国有 10 条经验可供其他发展中国家领导人和政策制定者借鉴，包括先从小农和乡村地区入手、大力投资知识基础设施、提倡自力更生等。正是这些政策导向推动了中国经济的持续增长与减缓贫困。牛津大学人类与发展研究中心主任萨宾娜·阿尔克教授认为，中国的精准扶贫方略在精准识别、精准帮扶、精准管理、精准退出等方面对其他发展中国家有重要的借鉴意义。联合国开发计划署非洲首席经济学家奥都索拉也十分赞赏中国精准扶贫的方略，认为“非洲在扶贫上要向中国学习，全世界亦是如此”[①]。2018 年 1 月 18 日，中国社会科学院西亚非洲研究所举办了“中国发展新时代与中非合作新机遇”国际学术研讨会。来自 11 个非洲国家的学者就中非减贫扶贫、发展道路、基础设施建设等议题进行了深入交流。坦桑尼亚《矛与星》出版社社长瓦特·布戈亚表示，中国在脱贫领域的经验十分宝贵，中非应在脱贫等各领域开展更为深入的交流与合作。在他看来，“西方国家并没有给我们提供任何优秀的案例，资本主义没有给我们带来成功。这么多年我们尝试资本主义，都以失败告终。中国人在脱贫方面取得了成功，是我们的楷模。中国自上而下推进脱贫，制定国家政策，将贫困家庭从贫困中解救出来，实现脱贫”[②]。2018 年 4 月，纳米比亚主流媒体《新时代报》（*New Era*）刊发了题为《为什么中国对我们如此重要》（*Why China Matters to Us*）的评论文章，认为“中国在非洲建设港口、公路、机场和铁路等设施，当地政府和人民都能从中受益。中国在非洲发展并不回避自身矛盾，但与西方国家的区别在于中国与非洲的交往方

① 罗雯：《世界知名专家齐赞中国精准扶贫方略 贡献全球减贫可行路径》，https：//news. qq. com/a/20171024/035479. htm，2018 - 04 - 09。

② 朱婵娇：《中非学者探讨加强“中非命运共同体”建设》，参见网易新闻在线 http：//news. 163. com/18/0119/18/D8HI6TNQ00018AOQ. html，2018 - 04 - 09。

式和对非洲的尊重态度”[1]。的确，过去数十年来，中国坚持以人为本的发展思想，使大量农村人口实现了脱贫，现已形成可资其他发展中国家借鉴的中国方案，且已转化为国际感召力。

塑造力则体现在中国提出“一带一路”新合作倡议与机制，深度参与非洲部分国家的减贫合作，并创造性打造了中非减贫合作新平台、新机制。近年来，中国在非洲创新国际合作平台——中非在“一带一路”框架下的产能合作，包括产能合作“火车头”（南非）、先行先试国（埃塞俄比亚、肯尼亚、坦桑尼亚和刚果共和国）、合作重点国（莫桑比克等），全面推进中非国家间经济与社会的全面发展。此外，在坦桑尼亚，2011 年 4 月，中国国际扶贫中心与中非农业投资有限责任公司坦桑尼亚剑麻农场签署了《战略合作框架协议》，由中国农业大学人文发展学院具体落实，建设中坦减贫合作中心社区发展示范项目，在佩雅佩雅村践行中国的部分减贫做法与经验。中方在该村实施了饮用水建设——打井、提水设备、铺设输水管线、建水塔，参与基础设施建设；采用为当地村民提供当地培训和选送 30 名示范农民来华学习相结合的方式，教授中国的杂交水稻种植、播种、田间管理等要点，提高水稻产量，落实产业扶贫做法；2015 年 11 月，中

① Editorial, “Why China Matters to Us”, *New Era*, April 6, 2018.

国援坦桑尼亚医疗队在该村进行义诊，注重医疗卫生扶贫。[①] 由中方牵头在坦桑尼亚当地实施的“坦桑尼亚中坦村级减贫学习中心”项目，得到了坦桑尼亚当地民众、地方政府以及国际发展机构的认可，有助于推动中非南南减贫合作的新发展。

### （四）中国组建国家国际发展合作署

以往中国的对非援助涉及十几个部委，不同的部委负责不同的援助事务。外交部和财政部负责世界银行及地区性银行、双边援助项目的款项，由外交部向国务院报批，财政部拨付援款，再由中央各部委分头进行项目落实。例如，商务部援外司实施经援项目及人道主义物资项目；农业部负责中国对非农业援助的落实，如派遣农技专家、中非农业技术示范中心的运营与管理；教育部负责中国对非智力援助事项，包括派遣到非洲各国大学提供教育服务的志愿者；卫生部负责中国赴非医疗队、援建医院、抗疟中心建设等相关事宜；科技部负责中国对非科技合作项目，等等。援外管理未有统一的部门，各部门之间更多地体现为协调功能，难以形成政策合力。而2018 年3 月，中国政府宣布并实施了国务院机构改革方案，将商务部对

① 管善远：《中坦减贫合作实践》，载《中国投资》2018 年4 月号。

外援助工作有关职责、外交部对外援助协调等职责进行了资源与职责整合，组建国家国际发展合作署，作为国务院直属机构，提高了管理的层级。2018 年 4 月 18 日，中国国家国际发展合作署正式在北京挂牌成立。

国家国际发展合作署的组建，体现了中国从早期受援国身份到近年来日益突出的援助国身份的转变，有助于提升中国对非援助和减贫的效率。国家国际发展合作署的主要职责是，拟定对外援助战略方针、规划、政策，统筹协调援外重大问题并提出建议，推进援外方式改革，编制对外援助方案和计划，确定对外援助项目并监督评估实施情况等。援外的具体执行工作仍由相关部门按分工承担。上述中国对外援助机构的改革，整合和优化了对外援助管理体系，从根本上捋顺援外行政管理的纵向关系，把对外援助的计划、立项、监督评估等内容与具体承担执行部门剥离开，加强了对外援助的战略谋划和统筹协调，推动援外工作统一管理，改革优化援外方式，有利于统筹协调金融、经贸、产业、教育、卫生等多领域国际发展合作，提高援助效率，从而更好地服务国家外交总体布局和中非减贫合作。

非洲国家学者对于中国国家国际发展合作署的成立反响强烈。肯尼亚内罗毕大学国际经济学高级讲师葛里逊·伊基亚拉认为，随着中国在国际舞台上的地位日益提高，组建国家国际发展合作署，顺应了时代和世界发展潮流，也十分契合世界特别是发展中国家的发展与减贫需求。它作为一个专门的机构，可以为合作双方实施经济合作、减贫等重要项目提供资金。坦桑尼亚外交关系中心教授伊诺森特·绍认为，国家国际发展合作署的组建意味着中非合作将迎来新的发展机遇，非洲国家期待从共建“一带一路”项目中获益，包括推动欧洲、拉美尤其是非洲基础设施的发展，包括铁路、大桥等基础设施建设，提高当地农产品和各种商品的运输能力。[①]

## 三　中非减贫合作的发展趋势

中国对非减贫合作的未来发展方向应根据国际对非减贫合作的总体趋势与特点、非洲国家的贫困与反贫困态势、中国在非洲的利益或政策目标等因素，而制定相应的合作思路并采取与之相匹配的举措。

### （一）减贫合作在中非关系中的定位

2015 年 12 月 4 日，习近平在中非合作论坛约翰内

① 《专家表示中国组建国家国际发展合作署为世界发展带来新机遇》，http：//news. ifeng. com/a/20180419/57709182 _ 0. shtml，2018 - 04 - 20。

斯堡峰会发表致辞时提出，将中非新型战略伙伴关系提升为“全面战略合作伙伴关系”。由此，深化中非各领域合作是夯实双边关系的基础，在这其中，需要我们明晰减贫合作在中非战略合作伙伴关系中的定位。

第一，从中非减贫合作的外部环境看，南南合作在全球发展体系中角色发生重大变化，从边缘开始走向中心，与南北合作一道成为国际发展合作的主体。从国际社会对非减贫合作的主体来看，基于历史联系与战略因素考量，美国、英国、法国等发达国家或欧盟、世界银行等地区或国际组织保持了对非发展合作的传统影响力。而近十几年来，中国、巴西、印度、土耳其等新兴经济体以其强劲的经济增长态势，成为对非发展合作的重要参与者。从“金砖国家”“基础四国”“金钻十一国”“二十国集团”等被赋予的新国家集团称谓，可以看出国际社会对于南方国家新力量崛起的关注。由此，南南合作亦由原来的聚焦政治领域向加重经济变量因素转化，发展中国家在国际发展合作舞台上的地位随之发生变化——与北方国家一道同处于“聚光灯”下。当下，面向2030年的“可持续发展目标”已代替千禧之年的“千年发展目标”，成为国际发展合作新载体。在这其中，引领发展中国家快速增长经济流的中国，正视国际身份的变化，以回应国际社会的新期待，塑造负责任大国形象。事实上，非洲国家对中非减贫合作充满信心与期盼。2009年10月28—29日，在中国国际扶贫中心和经合组织发展援助委员会共同举办的“国际发展合作：增长与减贫经验的分享”论坛上，乌干达议员曼迪尔（Hon. Fred Jachan-Omach Mandir）在谈及“为什么中国是一个重要的合作伙伴”这一问题时，称“仅仅在40年前，中国的很多发展指标与多数非洲国家基本相近，而中国有能力将贫困人口占比从1981年的65%减少至2007年的4%，而很多非洲国家仍在为将贫困线以下人口数量减少一半而努力奋斗……中国全方位推进经济快速转变的做法，从根本上挑战了传统的城乡发展理念。因此，毫不奇怪的是，非洲各国以及国际捐助机构有兴趣深入理解中国在不同发展领域采取的策略和政策”①。

第二，从中国特色大国外交理念看，需从义利兼顾、弘义融利的中国特色价值观及构建人类命运共同体的战略高度看待中非减贫合作。中非同为发展中世界，双方都肩负着发展国家、改善民生的使命。在中方看来，非洲大陆的持续贫困不符合世界利益。“世界的持久和平与发展，不可能建立在南北鸿沟拉大、大批发展中国家更加贫困化基础之上。国际社会应当对

① 参见曼迪尔的会议发言稿（China-DAC Study Group's on Development Partnerships）。

广大非洲国家在全球化进程中所面临的特殊挑战给予更多的理解和关心……我们主张，中非合作重在行动，应以有利于非洲国家实现经济社会发展、改善人民生活为出发点和落脚点。”① 的确，中国现已崛起为世界大国，过去中非双方曾经携手同行，当下仍要风雨同舟、患难与共，有责任帮助非洲国家共同实现经济、社会的可持续发展。2013 年 3 月 25 日，习近平在坦桑尼亚尼雷尔国际会议中心发表演讲时说：中非关系发展史告诉我们，“中非从来都是命运共同体，共同的历史遭遇、共同的发展任务、共同的战略利益把我们紧紧联系在一起。我们都把对方的发展视为自己的机遇，都在积极通过加强合作促进共同发展繁荣”②。由此，本着真实亲诚的对非政策理念，中国对非政策中多次强调树立正确的“义务观”。2015 年 12 月，中国政府发表了第二份《中国对非洲政策文件》全面阐述了新形势下中国对非洲政策新理念、新主张、新举措，其中就谈道：“正确义利观是中国对发展中国家外交的一面旗帜，讲求的是义利相兼、以义为先、情义为重，

① 2003 年 12 月，时任中国国务院总理温家宝在中非合作论坛第二届部长级会议开幕式上发表了重要讲话，题为《继往开来，全面推进中非友好合作》，载《人民日报》2003 年 12 月 16 日第 7 版。

② “习近平在坦桑尼亚尼雷尔国际会议中心的演讲”，2013 年 3 月 25 日，外交部网站（http：//www. fmprc. gov. cn/web/ziliao_ 674904/zt_ 674979/ywzt_ 675099/2013nzt_ 675233/xjpzxfw_ 675291/zxxx_ 675293/t1024949. shtml, 2018 - 05 - 12）。

核心要义是把帮助非洲等发展中国家实现自主可持续发展同促进中国自身的发展紧密结合起来，实现合作共赢、共同发展，推动世界更加均衡、包容和可持续发展。”[1] 习近平在中非合作论坛约翰内斯堡峰会开幕式致辞中也有类似的表述：“中非关系最大的‘义’，就是用中国发展助力非洲的发展，最终实现互利共赢、共同发展。”[2] 上述对于中非减贫合作的新概念，是中国新一代领导集体对国际形势、非洲发展与中国国家发展定位的新认知，体现了中国作为发展中大国强烈的使命情怀、弘义融利的道义观与责任担当，中非合作不仅有“势”更有“实”——把中国人民利益同非洲人民利益紧密结合起来，而中非减贫合作可以很好地践行“构建以合作共赢为核心的新型国际关系、打造人类命运共同体”的理念。

第三，从中非关系发展变化看，减贫合作会夯实中非关系的基础、优化中非合作舆情环境。2015 年 12 月，习近平在中非合作论坛约翰内斯堡峰会发表致辞时提出，将中非新型战略伙伴关系提升为全面战略合作伙伴关系。全面战略伙伴关系，意味着中非双边关系是基于战略全局而不是局部、长期而不是权宜之计

① 《中国对非洲政策文件》（2015 年 12 月），载新华网 http：//www.xinhuanet.com/2015－12/05/c_ 1117363276.htm，2018－05－12。

② 习近平：《开启中非合作共赢、共同发展的新时代》，（2015 年 12 月 4 日），载《人民日报》2015 年 12 月 5 日第 2 版。

的考虑。这一中非关系的新定位，需要双边合作也要相应进行调整。从中非关系发展合作的历史演变看，非洲国家从政治层面的需要向政治、经济、安全等综合性多元需求转变。当下，非洲国家正如火如荼地进行再工业化，探索包容性经济增长的路径。与此同时，贫困人口居高不下、粮食短缺、跨国犯罪、局部社会动荡等问题。从根本上看，发展不足是上述问题产生的重要根源。而这些问题的解决，不仅要靠非洲各国自身的不懈努力，还需要外部力量的密切协作。与此同时，中国在政治、经济、战略层面仍然需要来自非洲国家的支持，非洲的持续贫困不符合包括中国在内的国际社会的利益。在“真实亲诚”、正确的“义利观”以及“人类命运共同体”等中非关系新理念指导下，中国要切实把非洲人民的利益与中国人民的利益紧密结合到一起。非洲是中国践行上述理念的重要场域，其中摆脱贫困领域的合作是双方毋庸置疑的利益契合点，也是彰显中国是真正的世界大国身份的重要视点。

减贫领域的合作具有与资源开发、劳务承包等其他中非双边合作领域不同的特征，即具有很强的公益性，彰显利他性特点。该领域的合作直接受益者不仅在于非洲国家政府，而且直接作用于普通民众。例如，近年来中方在非洲实施的“幸福生活工程”之“村村通”减贫项目，不仅连通了电视信号，而且让村民步入了现代信息之路。“国之交在于民相亲”，此类接地气、惠民生项目大大拉近了中非民众的距离，发展与巩固了中非民心基础。鉴于中非减贫合作实施多年，我们在加大对项目经验总结的同时，也要注重对实施项目的整理与宣传工作，将相关资料编辑成册或发表在网络上，鼓励各合作利益攸关方参与评论、交流，为中非减贫合作建言献策，其社会效益也会出现倍增的效果。

### （二）中非减贫合作的原则

中非减贫合作属于中非合作的一部分，总体原则要与中非合作的原则相一致，具体体现在以下几方面：

第一，合作双方保持平等性。中国与非洲国家同为发展中国家，在现代化进程中面临许多相似的发展难题，因此中非减贫合作在本质上是发展中国家间的相互支持，属南南合作。而且，这种减贫合作的意义已超越了单纯的援助，是推动中非双方实现伟大复兴的“中国梦”和“非洲梦”的重要推动力量，是双方实现经济与社会可持续发展的共同追求。因此，这种双向互动关系不同于传统发达国家援助方施于他人和受援者受馈于人的不平等关系。无论是中方，还是非方，合作的目的是实现双方的平等合作和互利共赢。

尤其对于中方而言，减贫合作作为中国对非整体合作的一部分，需与中国对非政策理念相一致，中非是“利益共同体”和“命运共同体”的平等合作伙伴。正基于此，在中非减贫合作中，中国不以任何政治条件作为提供减贫发展与援助的前提，与西方国家以“良政、民主、法治”为援助前提条件截然不同。这体现了中国始终奉行的“不干涉内政原则”以及发展中大国的责任。

第二，尊重非洲减贫发展战略的自主性。即把关切非洲国家的发展需要置于优先性重要位置，尊重非洲国家减贫发展战略与道路的自主选择。在中方看来，非洲大陆、各次区域和每个国家都不缺乏相关经济与社会发展战略，如全非一体化层面的《非洲发展新伙伴计划》《非洲农业综合发展计划》《2063 年议程》，以及国别层面的《减贫战略报告》《2030 愿景》等，其中都确立了减贫的目标与发展聚焦点，中国等外部国际减贫合作是非洲大陆实现复兴的重要条件，但这些减贫合作应当尊重非洲国家的“主事权”（ownership），因此在拟定对非减贫合作的重点领域和具体项目时，需要注重尊重非洲国家的发展需要和意愿，配合非洲已有的各类减贫战略计划，顺势而为。2015 年 12 月，习近平在第六届中非合作论坛开幕式致辞中指出：“中方始终主张，非洲是非洲人的事情，非洲的事情应该由非洲人说了算。”此次会议通过的《中非合作论坛约翰内斯堡峰会宣言》特别强调：“优先支持解决发展中国家，特别是非洲最不发达国家实现自主可持续发展所面临的困难和挑战；中国致力于支持非洲实施《2063 议程》及其第一个十年规划和《非洲发展新伙伴计划》。”会议提出的中非“十大合作计划”之“中非减贫惠民合作计划”要点亦与非方《2063 年议程》相契合，这反映出中国追求国际公平、平等、敦睦合作的价值取向，主动呼应和衔接非方主要有关减贫的战略规划，彰显“非洲提出、非洲同意、非洲主导”的合作原则。

第三，突出中非减贫合作的包容性与多样化。非洲有 54 个国家，从人口与市场规模看，既有人口过亿的尼日利亚和埃塞俄比亚人口大国，也有 20 万人口以下的塞舌尔、圣多美和普林西比等蕞尔小国；从政治稳定度来看，既有南苏丹、索马里等和平与发展问题突出的国家，也有博茨瓦纳、纳米比亚等安定之邦；从国民经济基础产业看，既有坦桑尼亚、塞内加尔等农业资源国，也有南非、安哥拉、赞比亚等矿业资源国，还有塞舌尔、毛里求斯等旅游资源国；从经济发展水平看，既有南非、肯尼亚等有一定工业化水平基础的国家，也有佛得角、吉布提等无任何工业基础的国家；从就业情况看，既有埃塞俄比亚、卢旺达等青年就业率较高的国家，也有加蓬、突尼斯等青年失业率问题严重的国家；从基础设施情况看，既有南非这样高速公路网纵横交错布局的国家，也有马达加斯加、马拉维等公路建设十分落后的国家；从国民健康水平看，既有安哥拉、毛里求斯等国民人均寿命在70岁以上的国家，也有津巴布韦、塞拉利昂等国民人均寿命在50岁以下的国家。凡此种种，不一而足。因此，非洲54个国家在发展阶段、发展水平和具体国情各不相同，中非双方在减贫合作需要包容性与多样化。实施具体减贫方案亦需要突出非洲国家的个体性特点，一国一策，精准合作。唯其如是，方可增加减贫合作的实效。

### （三）中非减贫合作方式的优化

从中非减贫合作主体看，纵观中国对非发展合作的历史演变，基于中国几千年蕴藏的深厚的文化积淀，扶贫济困、守望相助是中华民族的传统美德。由此，中华人民共和国成立近70年来，一直本着国际主义和人道主义精神，量力而行、尽力而为地向非洲国家提供形式多样、真诚无私的援助，体现了中方长期而坚实的国际主义情怀，政府层面的对非援助持续深入。由此，中非减贫合作形成了政府主导、多方参与的模式。在未来一段时间，基于政府在动员政治资源、经济资源以及自上而下的强执行力，政府仍要持续发挥中非减贫合作的主力作用，与此同时，企业层面和非政府层面的参与程度亦应不断扩大。

客观而言，中非减贫合作虽历史较长，但政府、企业、非政府组织三支力量在非洲国家减贫中所起到的作用并不均衡。相较而言，中国的非政府组织参与中非减贫合作的潜力、空间更需着力扩展。在中非合作中，有实力的非政府组织一般具有深厚的官方背景，与政府紧密相连，其行为在一定程度上具有响应政府号召的特点，它们以运用行政与社会结合的方式工作。随着中非减贫合作的深入发展，各类其他民间组织或抱持公益之心的人士参与非洲减贫的活动增多。事实上，在动员非政府组织助力减贫事业方面，我们可有选择地借鉴英、美、德、日、印等其他国家在对非减贫合作中的做法与经验，形成一个多元差异的参照系，以补充与完善中非减贫合作形式。例如，英国在推动非政府组织在非洲开展减贫合作方面卓有成效。英国海外服务社（Voluntary Service Overseas，VSO）是当今全球最大的独立派遣志愿者的国际发展慈善机构。该机构于 1958 年由英国政府海外发展部拨款和英国公众捐款资助成立的，致力于长期的发展目标和合作关系，关注可持续性发展而非短期的救援。其目标是建立一个没有贫穷、人们通过共同工作来实现自身潜力的世界。该机构通过派遣各行各业的志愿服务人员，创造机会消除贫穷，让志愿者和当地社区分享技能，相互学习，共同提高，从而实现发展。英国海外志愿服务社在非洲聚焦于六大工作领域：教育、助残、艾滋病防治、健康、生活保障和管理能力。该机构于2000年在非洲的肯尼亚设有招聘代表处，在莱索托（主要项目是：艾滋病防治、妇女赋权、生殖健康）、塞拉利昂（健康、生活保障）、加纳（教育、助残、生活保障、管理能力）、尼日利亚（教育、艾滋病防治、生活保障）、埃塞俄比亚（教育、健康）、肯尼亚（助残、艾滋病防治、生活保障）、坦桑尼亚（教育、艾滋病防治、生活保障）、乌干达（助残、健康、管理能力）、卢旺达（教育、助残）、莫桑比克（教育、艾滋病防治、生活保障）、赞比亚（艾滋病防治、生活保障、管理能力）、坦桑尼亚（职业技术培训、旅游农业、小微企业发展）、斯威士兰（艾滋病防治、妇女赋权、生殖健康）、津巴布韦（艾滋病防治）和南非（艾滋病防治）15个非洲国家设有办公室，开展有针对性的减贫合作。① 经过60年的发展与运作，英国海外志愿服务社在管理制度、人员招聘、工作方式、项目运作等方面已形成了成熟的运作体系。而中国非政府组织对非减贫合作仍处于初创阶段，借鉴与学习是十分必

① http：//www. vsojitolee. org/about/what-we-do，2011－05－19.

要的，结合自身优势与特点以创新多元思维弥补对非减贫合作中的“短板”。

### （四）深化中非减贫合作的路径

中非减贫合作走过数十年发展历程，需要我们总结经验与不足，不断拓展合作内容。根据非方的需要，结合中国的经验，双方可在以下几方面着力：

第一，推动中非减贫经验交流，增强非洲国家减贫信心。纵观非洲国家独立后近60年发展史，直到20世纪90年代中期政府才陆续出台了“核心型”减贫战略，即专门冠之以“减贫”字样的国家层面的减贫战略。而在中国，从1986年中国成立司职于扶贫的专门机构——国务院扶贫开发领导小组，并相继发布一系列有关减贫的战略计划，安排专项资金和专门优惠政策，使中国全面展开了有组织、有计划的大规模扶贫工作。而中国实现减贫成效最为显著的时期，正是20世纪八九十年代，这与政府利用政策工具、确保减贫在国家经济与社会发展政策中稳定的核心位置密切相关。同中国减贫初始情势相似，非洲国家也具有贫困人口规模大、贫困程度深、高贫困发生率持续时间长的特点，这决定了仅靠经济增长的溢出效应实现大规模减贫路径是行不通的。无论非洲各国领导层如何变换，哪个政党执政，都要树立持续减贫的坚定信心，扶贫先扶志，实施制度性减贫策略。如能这样，相信非洲国家也能像中国一样稳步推进国家的减贫进程。

第二，以确保粮食安全为减贫合作切入点，解决非洲贫困人口的基本生存需要。贫困现象与穷人的基本生存需要存在极为密切的关系。战胜饥饿、谋求生存是穷困人口的第一需要，它包括维持穷人个人生存、贫困家庭生存所需要的食品、衣着条件等。在非洲，粮食安全问题尤为突出。根据联合国粮农组织统计，2016 年撒哈拉以南非洲地区粮食不足发生率为 22.7%（营养不良人口 2.24 亿，占全球营养不良人口总数的 25%）。① 2017 年，全球急需粮食援助的国家有 37 个，其中 29 个在非洲。② 因此，解决温饱问题关乎非洲普通民众的切身利益，也是他们的迫切所需。况且，农业发展与减贫具有强相关性。研究人员已发现，一般来说，每一个百分点的农业增长率，将使极端贫困发生率下降 2.9 个百分点、贫困家庭消费支出能力增加 3 倍。在传统农业国，农业增速对减贫的贡献率远远大于其他产业对减贫的贡献率。在撒哈拉以南非洲地区，农业增长带来的国内生产总值增长与由非农业增长带来的同等幅度的国内生产总值增长相比，在减轻贫困

① FAO, 2017 *Africa Regional Overview of Food Security and Nutrition*, Accra, 2017, p. 6.

② 《粮农组织：全球粮食供应充足　但冲突和干旱使饥饿加剧》，http：//www.fao.org/news/story/zh/item/1071699/icode，2018－05－19。

方面的作用要高11倍。例如，在埃塞俄比亚，2003—2015年，农业产业的发展对减贫的直接拉动效应大致是非农产业的2倍，1个百分点的农业增长率会使贫困发生率下降约1.6%。[①]

当下，中非农业减贫合作可从以下两方面着手：一方面，鉴于非洲尚有一半以上（约为4.5亿公顷）肥沃土地仍处于闲置的现状，可有效开发利用这些土地资源，发展农业生产，促进粮食本土化生产，最大限度地改善非洲缺粮问题，缓解饥饿与营养不良状况，提升非洲粮食安全水平；另一方面，在非盟《2063年议程》《非洲农业综合发展计划》和中非合作论坛约翰内斯堡峰会“十大合作计划”框架之下，中非双方开展农作物栽培、遗传育种、培肥地力、病虫害防治、水土保持、防治荒漠化等方面农业科研交流合作，提高农业生产率和农业产出附加值，支持非洲发展现代农业。

第三，提高贫困人口素质，增强非洲国家自我减贫能力。现代的市场竞争直接表现为产品质量的竞争，间接表现为技术力量的竞争，最终表现为劳动力素质的竞争。劳动力拥有的体能和智力资源具有生产性的作用，它是决定贫困人口减贫能力的关键所在。基于

① 联合国粮农组织：《2012年世界粮食不安全状况》（中文版），2012年，罗马，第28页。

此，中非在减贫合作中，应将提升人力资源素质视为未来减贫合作的重要领域。其一，针对非洲艾滋病、疟疾、埃博拉传染病等热带传染病的侵扰，中方通过继续派遣医疗队员、提供妇幼保健等医疗援助、捐赠抗疟药品、支持非洲构建疾病防控现代化体系、加强人员培训等方式，提升非洲当地自主医疗和疾病防控能力，改善贫困人口的身体素质。其二，进一步扩大对非教育援助规模、为非方提供更多的学历或学位教育和政府奖学金，设立与非洲国家发展相关的政治、经济、管理、农业、卫生等培训项目，密切经验交流，相互学习借鉴，分享发展成果。其三，在农业、工业、教育、医疗卫生等中非合作项目中，注重职业技能培训与技术转移，在当地培训更多非洲国家自己的人才，为非洲经济发展能力建设提供支持，从根本上增强贫困人口获取经济机会的能力。

第四，推动以工业化发展为核心的包容型非洲经济转型，构建中非发展型减贫合作。当下，非洲国家已启动“再工业化”进程，将实现工业化视为非洲经济转型的引擎。中国经过多年持续发展，已拥有门类齐全、独立完整的产业体系。并且，中国政府现实施的“一带一路”战略倡议亦将推进产能合作视为重要的国际合作领域，中非工业化合作的主客观条件成熟，尤其在以下方面有较大的合作潜力：其一，依据非洲国家的自然资源和人力资源的比较优势，帮助非洲国家建立与发展具有内生能力的劳动密集型产业，鼓励中资企业扩大对该产业的投资力度，推进中非产能对接和产能合作，使非洲国家逐渐形成有国际竞争力的优质产业。其二，基于中国对非现有的多样化投资模式，即与东道国当地企业的合作经营模式（如中兴通讯与非洲50多个国家通信运营商合作经营等）、绿地投资模式（如海信集团在南非建立海外生产基地等）、海外股权并购模式（如中石油的苏丹石油合作项目）、政府援助和企业投资相结合的“安哥拉模式”、中小企业集群式的经贸合作区模式，可重点关注经贸合作区这一中非投资合作的新模式，将经贸合作区打造为中非双方在非洲产业集聚和国际产能合作的示范性平台，推动经贸合作区自身的发展和对周边地区的影响、辐射，以期带动整个区域甚至整个国家的工业发展。由此，非洲制造业的发展升级，可使穷人充分就业，真正参与和享受经济增长的红利，同时政府财政资源的增加亦会为国家实施减贫战略与政策提供物质基础。

第五，支持非洲公用基础设施建设，改善贫困人口的生产与生活条件，直接惠及当地民众。当前，非洲国家仍处于基础设施供需赤字状况，在撒哈拉以南非洲地区，公路密度为1.37公里/平方公里，电话主线密度为10条/千人，电力容量为8700万瓦特/百万人，电网覆盖率为16%，享用改善水源和卫生设施的人口比率分别为60%和34%，远远低于其他不发达地区，因此基础设施相对滞后是制约非洲经济与社会发展的主要瓶颈之一。基于此，其一，中方可着力在非洲援建学校、医院、体育场馆、文化设施、经济住房、水井等公共社会基础设施，在供给侧方面直接受益于贫困人口。其二，顺应非洲国家外向型经济特点，中非加强铁路、公路、机场、港口、通信、水电设施等经济基础设施，改善非洲大陆的贸易便利化条件，由此降低商品交易成本和使用成本，民众亦会从中受益。大量实证研究已表明，基础设施的完善可以提高穷人的生活质量，进而创造更多的经济机会。据统计，仅蒙内铁路一个项目，就为当地培训了4万多名技术工人，创造了3.8万个就业机会。①

第六，提供人道主义紧急救助，避免贫困人口因突发事件致贫或返贫现象。由于非洲贫困人口基数大，国力有限，大多数非洲国家没有能力建立完备的减轻穷人所面临危险的机制，物资储备、公共卫生设施等干预不健全，贫困人口具有脆弱性。因此，中国作为负责任大国，具有强烈的“命运共同体”意识，在非洲民众遭受自然灾害或突发事件侵害之时，根据非洲

① 吴绮敏等：《非洲减贫，分享中国经验》，载人民网 http：//world.people.com.cn/n1/2017/0622/c1002－29354628.html，2018－05－19。

国家的需求，全力继续开展人道主义紧急救助。

放眼全球，尽管近年逆全球化浪潮汹涌而至，全球化进程正步入崎岖发展路段，但不容否认的是，人类社会已经成为你中有我、我中有你的命运共同体，利益高度融合，彼此相互依存。就中非合作而言，中国需要非洲，非洲需要中国，双方只有促进包容性发展，才能携手共进。中国在进一步推进国内经济与社会和谐发展的同时，还应致力于积极参与世界减贫的国际行动，力争为国际减贫事业作出更大的贡献。相信非洲国家经过自身坚韧而持续的努力，加之外部力量的真诚扶助，非洲国家的明天可以说是“长风破浪会有时，直挂云帆济沧海”。

# 参考文献

**中文文献**

安春英：《非洲的贫困与反贫困问题研究》，中国社会科学出版社2010年版。

安春英：《构建合作共赢的中非减贫范式》，《国际经济合作》2016年第8期。

古斯塔夫森：《联合国粮农组织：投资农业减贫的关键》，《中国投资》2018年4月号。

[英] 拉法尔·卡普林斯基：《夹缝中的全球化》，顾秀林译，知识产权出版社2008年版。

李小云、徐秀丽、王伊欢编著：《国际发展援助——非发达国家的对外援助》，世界知识出版社2013年版。

联合国开发计划署：《2003年人类发展报告——千年发展目标：消除人类贫困的全球公约》，中国财政经济出版社2003年版。

林毅夫等编：《以共享式增长促进社会和谐》，中国计划出版社 2008 年版。
刘鸿武主编：《新时期中非合作关系研究》，经济科学出版社 2016 年版。
谈世中主编：《发展中国家经济发展的理论与实践》，中国金融出版社 1992 年版。
谈世中主编：《反思与发展——非洲经济调整与可持续性》，社会科学文献出版社 1998 年版。
世界银行：《2000/2001 年世界发展报告：与贫困作斗争》，中国财政经济出版社 2001 年版。
舒运国：《失败的改革——20 世纪末撒哈拉以南非洲国家结构调整评述》，吉林人民出版社 2004 年版。
习近平：《决胜全面建成小康社会　夺取新时代中国特色社会主义伟大胜利——在中国共产党第十九次全国代表大会上的报告》（2017 年 10 月 18 日），人民出版社 2017 年版。
张宏明主编：《非洲发展报告（2012—2013）》，社会科学文献出版社 2013 年版。
张宏明主编：《非洲发展报告（2015—2016）》，社会科学文献出版社 2016 年版。
赵曦：《中国西部农村反贫战略研究》，人民出版社 2000 年版。
中共中央文献研究室编：《毛泽东文集》第 8 卷，人民出版社 1999 年版。

中共中央文献研究室编：《建国以来毛泽东文稿》第10册，中央文献出版社1996年版。

中共中央文献研究室编：《邓小平年谱1975—1997》（上）（下），中央文献出版社2004年版。

中华人民共和国外交部：《中非合作论坛第五届部长级会议文件汇编》，世界知识出版社2012年版。

中华人民共和国外交部、中共中央文献研究室编：《毛泽东外交文选》，中共中央文献出版社、世界知识出版社1994年版。

中华人民共和国外交部、中共中央文献研究室编：《周恩来外交文选》，中央文献出版社1990年版。

**英文文献**

African Development Bank, *Indicator on Gender, Poverty and Environment and Progress toward the Sustainable Development Goals in African Countries 2017*, Vol. XVIII, Abidjan, 2017.

EIU, *Country Report*: *Zambia*, April 3rd, 2018.

FAO, 2017 *Africa Regional Overview of Food Security and Nutrition*, Accra, 2017.

Marcio Cruz, James Foster, Bryce Quillin and Philip Schellekens, *Ending Extreme Poverty and Sharing Prosperity*: *Progress and Policies*, the World Bank, 2015.

Mbaya Kankwenda, Luc-Joël Gregoire, Hugues Legros & Harouna Ouédraogo, *Poverty Eradication*: *Where Stands Africa*? London: Economica Ltd, 2000.

OECD, *Development Co-operation Report 2017*, Paris, 2018.

Robert Picciotto & Rachel Weaving edited, *Impact of Rich Countries' Policies on Poor Countries*: *Towards a Level Playing Field in Development Cooperation*, New Brunswick and London: Transaction Publishers, 2004.

The World Bank, *Poverty and Shared Prosperity 2016*: *Taking on Inequality*, Washington D. C. , 2016.

Zhang Hongming edited, *China-Africa Relations*: *Review and Analysis*, Social Sciences Academic Press and Paths International Ltd, 2014.

安春英，中国社会科学院西亚非洲研究所编审、《西亚非洲》常务副主编，兼任中国非洲问题研究会秘书长、中国中东学会理事。主要研究方向为非洲经济、非洲减贫与可持续发展、中非关系问题。主要著述包括《非洲贫困与反贫困问题研究》（独著，2010）、《马克思恩格斯列宁斯大林论西亚非洲》（副主编，2010）、《中非发展合作的多维视阈》（主编，2012）、《西亚非洲经济问题研究文选》（副主编，2016）、《马克思主义与西亚非洲国家发展道路问题研究》（合著，2017）等。

中国社会科学院西亚非洲研究所是根据毛泽东主席的指示于1961年7月4日创建的多学科综合性研究所，是目前中国规模最大、研究力量最集中的中东、非洲问题研究机构和智库。该所研究对象涉及中东、非洲74个国家和地区，重点研究当代中东、非洲地区，各国政治、经济、社会、民族、宗教、法律以及大国与中东、非洲，中国与中东、非洲等国际关系问题。主办学术期刊《西亚非洲》（双月刊），主编综合性年度研究报告集《中东黄皮书》和《非洲黄皮书》；主管中国社会科学院海湾研究中心和中国社会科学院西亚非洲研究所南非研究中心。全国性学术社团中国亚非学会和中国中东学会挂靠于该所。中国社会科学院研究生院西亚非洲研究系设在该所，招收和培养中东和非洲政治、经济和国际关系等专业方向的硕士和博士研究生，为国内中东非洲研究培养专业人才。经过近60年的发展，西亚非洲研究所已逐步成为国内外中东非洲研究领域的知名学术机构。

中国社会科学院国际合作局是负责组织推进全院对外学术交流合作的职能部门。中国社会科学院对外交流合作遍及100多个国家和地区，同海外160余个机构建立了协议交流关系，其中主要是各国科学院、国家级科研机构、高端智库、知名学府以及重要国际组织。对外学术交流的形式主要有学者互访、举办国际研讨会、合作研究、培训、出版等。近年来，每年中外学者互访达5000余人次，举办国际性学术会议150余场。与10余个国家的科研机构共同组织开展合作研究项目。近五年来，与国外知名学术出版社合作，对外翻译出版学术著作700余部。印行《中国社会科学》等16种英文学术期刊。在海外已建立形成中国研究中心网络。

中国社会科学出版社成立于1978年6月，是由中国社会科学院主管的一家以出版哲学社会科学学术著作为主的国家级出版社。1993年首批荣获中共中央宣传部和国家新闻出版总署授予的全国优秀出版社称号。中国社会科学出版社成立40周年以来，出版了大量人文社会科学学术精品，图书先后获得国家图书奖荣誉奖、国家图书奖、中国图书奖、中国出版政府奖图书奖、“中国好书”奖、中华优秀出版物奖、“三个原创一百”图书奖和全国优秀通俗理论读物奖等国家级奖励。在南京大学中国社会科学评价研究院发布的《中文学术图书引文索引》中，中国社会科学出版社图书被引综合排名在全国近600家出版社中位居第四；在中国文化走出去效果评估中心发布的《中国图书海外馆藏影响力研究报告》中，中国社会科学出版社海外馆藏影响力位列第一。近年来，中国社会科学出版社在《剑桥中国史》《中国社会科学院学者文选》等传统图书品牌的基础上，打造“中社智库”丛书，《理解中国》丛书、《中国制度》丛书等出版品牌，已经发展成为我国马克思主义理论的重要出版阵地、哲学社会科学出版重镇、国家高端智库成果的重要发布平台和中国学术“走出去”的主力军。